KB117376

지금,
당신의 인생이
달라졌다

## 지금, 당신의 인생이 달라졌다

지은이  마크 빅터 한센
옮긴이  이현수
펴낸이  이규호
펴낸곳  북스토리지

초판 1쇄 발행  2022년 5월 01일
2판 1쇄 인쇄  2023년 3월 10일
2판 1쇄 발행  2023년 3월 20일

출판신고  제2021-000024호
10874 경기도 파주시 청석로 256 교하일번가빌딩 605호
E-mail  b-storage@naver.com
Blog  blog.naver.com/b-storage

ISBN  979-11-92536-89-7  03300

본 도서는 〈평범함에서 비범함으로〉의 2판입니다.

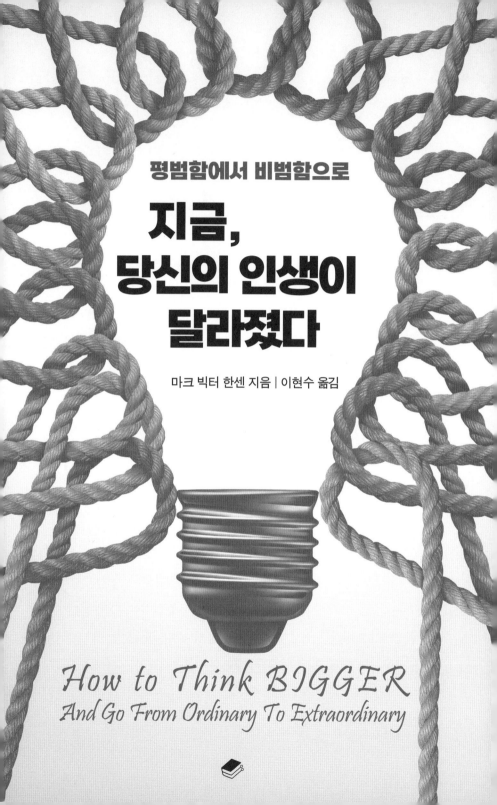

평범함에서 비범함으로

# 지금,
# 당신의 인생이
# 달라졌다

마크 빅터 한센 지음 | 이현수 옮김

*How to Think BIGGER*
*And Go From Ordinary To Extraordinary*

당신의 삶이 원하는 모든 것으로 가득 찼다고 상상해 보십시오. 모든 순간, 보이지 않은 놀라운 힘이 당신을 감싸고 있다고 상상해 보십시오. 당신을 둘러싼 모든 관계가 조화롭고 심장은 행복감으로 충만하다고 상상해 보십시오. 삶의 목표를 달성하고 진정한 운명의 궤도에 올라 있다고 상상해 보십시오. 당신이 할 수 있는 것보다 더 크게 생각할 수 있는 힘을 상상해 보십시오.

마크 빅터 한센Mark Victor Hansen은 동기부여 전문가이자 강연가, 자기계발의 아이콘이며, 무엇보다 "영혼의 닭고기 수프" 제국을 건설한 장본인입니다. 그는 당신이 꿈꿔오던 모든 것을 이룰 수 있는 방법을 알려 줄 수 있습니다.

이 책에서 마크는 어떻게 다른 시각으로 세상을 바라볼 것인지 말해 줍니다. 힘의 눈, 지혜의 눈, 열망과 열정의 눈을 통해 그전에는 존재한다고 생각지도 못했던 기회를 보게 될 것입니다. 마크는 꿈에도 가능하다고 생각지 못했던 이상에 도달하게 해 줄 것입니다. 또한, 모든 도전을 포용하는 법과 당신의 삶에서 두려움과 불행을 몰아내는 법도 알려

줄 것입니다. 당신이 그토록 원하고 갈망하는 건강과 부를 얻는 과정에서 그것을 방해하는 장애물을 퇴치하는 방법도 알려 줄 것입니다. 당신 자신의 삶은 물론 수많은 타인의 삶을 변화시킬 힘을 갖게 될 것입니다. 이 책에서 마크는 당신 안의 천재를 발견할 수 있는 기법 및 비밀을 알려줄 것입니다. 또한, 자신만의 드림팀을 구성하고 개발하여 당신이 성공하길 바라는 영향력 있는 사람들과의 관계를 수립하는 방법을 말해 줄 것입니다. 이 책의 도구들을 통해 마크는 당신의 꿈과 열망이 실현되는 카멜롯(영국 전설에 아서 왕의 궁전이 있었다는 곳으로, 비유적으로 '행복이 넘치는 목가적 장소나 시대, 매혹적인 시대나 분위기'를 뜻한다-옮긴이)으로 당신을 데려다줄 것입니다.

당신은 꿈에서만 생각했던 바로 그 삶을 살게 될 것입니다. 최고의 내가 되는 방법을 배움으로써 나 자신에게 상을 내릴 때가 되지 않았나요? 마크는 자신에게 엄청난 성공을 가져다준 비밀을 당신과 공유할 것입니다. 당신에게도 분명 효과가 있을 것입니다.


자, 이제 마크 빅터 한센이 이끄는 대로 마법 같은 힘을 경험하러 떠나보겠습니다. 그 여정은 당신이 한 번도 가보지 못한 길이며 삶의 진정한 열정을 배우는 길입니다. 당신의 삶은 무한할 것이며 한 번도 겪어보지 못한 방법으로 삶을 경험할 것입니다. 마크가 어떻게 당신이 상상했던 것보다 더 크게 생각하는 법을 알려주면서 평범함을 특별함으로 바꾸는지 알아보러 이제 그 책 속으로 들어가 봅시다.

# | 차 례 |

생각의 크기는 당신의 결과와 미래, 삶의 크기를 결정한다. 더 크게 생각하는 법, 더 크게 삶을 영위하는 법, 더 크게 행동하고, 더 크게 되는 법을 알게 되면 그 결과는 더 커질 수밖에 없다. 또한, 세상과 우주에서 우리의 영향력도 커진다. 우리가 자신에 대해 느끼는 감정도 더 커지고 더 좋아질 것이다.

나는 우리 모두가 더 크게 생각하고, 행동하고, 삶을 영위하고, 성공하고, 더 큰 결과를 얻게 되는 방법을 알았으면 좋겠다.

더 크게 생각함으로써 얻는 이점은 엄청나다. "내가 원하는 것이라곤 내 가족을 잘 부양하는 것이다."

나의 아버지는 평생 이런 말씀을 하셨다. 그리고 이 말을 성실하게 지켜나가셨다. 물론 여기에는 아무런 문제가 없다. 하지만 내가 아버지에게 더 크게 생각할 수 있는 능력을 심어줄 수 있었다면 그는 작은 빵집에서 하루 18시간을 일하는 대신 일주일에 2~3일만 일하고 매달 일주일은 쉴 수 있었을 것이다.

더 풍요한 삶을 살고 가족들과 더 즐거운 시간을 보내고 마음도 더 편하고 더 많은 돈과 시간과 자유를 가질 수 있었을 것이다.

당신은 이 모든 것을 가질 수 있다. 이 책을 통해 작은 여정을 떠나 보라. 당신에게 더 크게 생각하고 더 풍요롭게 살 수 있는 몇 가지 원칙과 아이디어, 방법과 전략을 알려주겠다.

나는 여러분에게 세상에서 가장 크게 성공하고 가장 크게 생각한 인물들을 소개할 것이다. 나는 당신이 생각하는 것보다 더 큰 사람이 되라고 계속 잔소리를 해댈 것이다. 마지막 장에서 나는 카멜롯을 실현하는 것에 대해 이야기할 것이다. 아서 왕은 이 매혹적인 왕국을 만들고 싶어했다. 우리 각자도 자신만의 카멜롯을 만들 수 있다.

당신은 더 좋은 것을 누려도 된다. 당신은 더 크게 생각할 권리가 있다. 당신은 자신이 생각하는 최고의 모습보다 더 잘될 자격이 있다. 당신이 영속적이고, 목적이 분명하며, 기념할 만한 유산을 남길 수 있도록 당신의 미래가 기대했던 것보다 더 크고, 위대하고, 고귀하고, 중요하고, 의미 있고, 가치 있는 것이 되기를 바란다.

우리는 원래 작게 생각하도록 태어났다. 어쩌면 그것이 당연하고 자연스럽다. 우리는 세상에서 작게 생각하고, 작게 말하고, 작게 행동하고, 작은 존재로 살아간다.

그러나 이 책을 읽고 내가 한 말을 따르면 내면에서부터 크게 생각하는 사람으로 다시 태어날 수 있다. 당신은 아름답고, 행복하며, 신나고, 축복받은 삶을 살 수 있다. 자기 자신은 물론 주위의 모든 사람을 "에덴의 낙원"으로 데려갈 수 있다.

마법의 검, 엑스칼리버를 손에 쥐게 될 것이며, 현재 믿고 있는 것 이상의 것들을 정복할 수 있다. 당신 삶에서 카멜롯을 깨닫게 될 것이다. 당신은 아서 왕이 되는 것이다.

아서 왕은 분명 전설이자, 은유이자, 신화이다. 존재한 적이 없지만 언제나 존재해왔다. 크게 생각하는 것도 마찬가지다. 우리가 신의 이미지로, 신의 모습으로 만들어진 것이라면 우리가 바로 신이자 선의 존재이다.

우리는 존재 깊숙한 곳에서 크게 생각할 권리가 있다. 크게 생각할 때 크게 성취한다. 크게 성취할 때, 우리는 우주에서 유익한 존재가 된다.

우리는 차이를 만들어낸다. 우리는 가치 있고, 그 가치는 기하급수적으로 늘어난다. 모든 사람이 더 잘살게 되며 그 누구도 불행해지지 않는다.

우리가 함께 더 크게 생각하는 법을 배운다면, 온전히 인류애로 충만한 세상을 만들 수 있다. 당신이 나와 함께 이 작은 여행을 떠나기로 결심한 것에 대해 감사하게 생각한다.

지금까지 해본 여행 중 가장 즐겁고, 가장 많이 깨닫고, 가장 풍요로운 여행이 되길 바란다.

# 무의식적 능력을 찾아라

한 친구 얘기부터 시작하기로 하자. 내가 알고 지낸 지 25년이 된 그 친구는 지금은 누구나 다 알 만한 유명인사다. 그는 바로 최고의 베스트셀러, 『위대한 발견You Were Born Rich』을 쓴 밥 프록터Bob Proctor다.

그는 사람들의 영혼에 활기를 불어넣고 사람들이 미처 깨닫지 못했던 수준으로 정신을 고양시키는 강연가로 활약하고 있다. 밥 프록터의 이야기는 상상하는 것 이상으로 더 크게 생각하는 법을 배울 수 있는 멋진 시작점이다. 그러나 밥이라고 해서 언제나 잘 나갔던 것은 아니었다.

수십 년 전, 밥은 캐나다의 소방관이었다. 그의 연봉은 4,000달러로 나쁘지 않은 금액이었지만, 6,000달러의 빚을 지고 있었다. 어딘지 익숙한 얘기 아닌가?

밥은 돌연 소방서를 그만두었다. 상사와 친구들은 그가 미쳤다고 생각했다. 그러나 나폴레온 힐Napoleon Hill의 『생각하라, 그리고 부자가 되어라Think and Grow Rich』를 읽은 밥은 영혼의 큰 울림을 받았고 나폴레온의 법칙을 굳게 믿었다.

밥은 메모장에 자신이 일 년에 2만 5,000달러를 벌 수 있다고 적었다. 그 돈을 어떻게 벌 수 있는지는 그도 몰랐다. 그러나 밥은 세계에서 가장 위대한 자기계발서가 시키는 대로 했고 믿음을 이어나갔다.

누군가 밥에게 "사무실과 창문 청소로 많은 돈을 벌 수 있다."고 말했고, 밥은 바로 그 일에 착수했다. 그의 사무실 청소 사업은 그야말로 눈덩이처럼 성장해 나갔다. 주당 100달러의 수입이 추가로 생겼다. 추가 수입은 곧 200달러가 되었고, 금세 300달러, 400달러, 500달러로 불어났다.

이것은 모두 그가 혼자 해낸 일이었다. 그는 왕국으로 가는 열쇠를 발견했다고 믿었다.

일 년 뒤, 밥의 사업은 번창했지만, 그는 토론토의 길바닥에 쓰러지고 말았다. 그가 깨어났을 때, 주위에 경찰과 구급차 운전기사, 지나가던 사람들이 걱정스럽게 그를 바라보고 있었다. 정신을 차리고 그는 도로변에 앉아 생각해보니, 그는 자신의 몸이 피곤함에 절어 완전히 망가졌다는 사실을 깨닫게 되었다. 그는 그토록 갈망했던 돈, 25,000달러를 얻기 위해 열심히 일하는 것이 열쇠라고 생각했다. 그러나 거기에는 중요한 메시지가 빠져 있었다.

밥은 그 뒤 몇 주 동안 쉬면서 명상에 잠겼다. 그리고 새로운 계획을 세웠다. 그 시간 이후 그의 새로운 좌우명은 "다 못 닦을 바엔 차라리 안 하고 말겠어."였다. 그리고 사무실 청소 사업을 팔고, 대신 관리하는 쪽으로 방향을 잡았다.

이와 동시에 밥은 최초의 동기부여 오디오 테이프 중 하나인 얼 나이팅게일의 「가장 낯선 비밀The Strangest Secret」을 계속 들었다. 테이프에서 얼은 "네가 원하는 것을 말하라. 그러면 내가 방법을 알려주리라."라고 말하고 있었다.

밥은 청소 사업을 그의 직원들에게 팔기로 결심했다. 그리고 사람들에게 그들이 원하는 것, 필요한 것이 무엇인지 묻기 시작했다. 밥은 그들이 원하는 것을 팔고 원하는 것을 얻는 방법을 보여주었다. 밥은 은행 관리자와 구매 대리인들을 모집했다. 언뜻 의외이긴 하지만 실력자들만 모인 아주 멋진 조합이었다. 이런 식으로 밥이 직원을 모집해나갈 수 있었던 비결은 그들이 가장 원하는 게 무엇인지 알아냈기 때문이었다.

한 은행가는 새 차를 갖고 싶다고 말했다. 밥은 이렇게 대답했다. "내가 그 차를 주겠소. 당신은 내게 매일 저녁 한 시간만 투자해주면 돼요. 저녁 5시에서 8시 사이 일주일에 5일 동안 말이오. 그러면 당신은 한 달에 100달러를 추가로 벌 수 있소. 이 일은 우리 둘밖에 모르게 일이오."

일은 그렇게 이루어졌고, 그 은행가는 원하던 차를 얻었다. 밥의 사업은 성장했고 모두가 행복했다. 밥은 계속 배우면서 돈을 벌었다. 그는 토론토, 몬트리올, 보스턴, 애틀랜타, 런던에서 청소원들을 고용했다.

단지 크게 생각했을 뿐인데, 그는 업계를 정복하고 왕국을 세웠다.

이렇게 몇 년이 지났고 밥은 이 사업이 왜 그렇게 잘 되었는지 그 이유를 알고 싶었다. 밥은 그 해답을 찾고 남들도 스스로 그 과정을 이해하고 더 간단하게 만들 수 있도록 자신의 남은 인생을 투자하기로 결심했다.

## 능력의 향상

≫ 밥은 조사를 계속하면서 자신에게 무의식적 능력이 있었음을 알게 되었다. 무의식적 능력은 근대 자기 이미지 심리학의 아버지인 에이브러햄 매슬로Abraham Maslow가 최초로 주창한 이론이다. 매슬로는 사람은 모두 처음에는 무의식적으로 무능하다고 주장한다.

어렸을 때 우리는 우리가 신발 끈을 못 맨다는 사실을 모른다. 그런 것엔 관심도 없다. 그러나 부모가 "얘야, 신발 끈을 잘못 묶었구나. 자 봐, 이렇게 묶는 거야."라고 말하는 걸 듣고 나서야 무의식적 능력이 생긴다. 그제야 신발 끈을 어떻게 묶는지 알게 되고 점차 생각하지 않고도 잘 묶을 수 있게 된다.

무의식적 능력의 최고 단계는 힘들이지 않고도 이루는 것, 자신도 모르게 성공하는 것이다. 무의식적 능력을 갖는다는 것이 어떤 의미일까? 이것이 이번 장의 주요 목표다. 무의식적 능력을 통해 크게 생각하는 법, 그것을 이제부터 알려주고자 한다.

먼저 밥 프록터가 어떻게 무의식적 능력을 활용했는지 다시 짚고 넘어가 보자.

첫째, 자신의 상황이 얼마나 보잘것없는지와는 아무런 상관이 없다. 언제나 해결책은 있다. 밥은 대학 교육을 받지 못했다. 연줄도 없었고 단지 아이디어 하나만 있었다.

둘째, 밥은 적은 급여의 감옥에서 탈출하기를 간절히 원했다.

셋째, 그는 『생각하라 그리고 부자가 되어라』를 읽었고 이것이 그의 도화선에 불을 붙였다.

넷째, 그는 어떤 기회에 대해 듣고 그 위험이 보상받을 가치가 있다고 생각했다. (딱 한 번의 결정적인 기회, 그것이 필요하다. 그거면 모든 게 시작된다.)

다섯째, 큰 좌절에 부딪혔을 때, 그는 어디가 잘못된 건지 알아채고 즉시 시정했다.

여섯째, 내면의 생각을 듣고 그의 삶을 극적으로 뒤바꿀 혁신적인 아이디어를 생각해냈다. "창문을 다 못 닦을 바엔 차라리 안 하고 말겠어."

일곱째, 밥은 여러 국가에서 그의 청소 서비스를 팔아 빠르게 사업을 확장했다.

여덟째, 그는 그를 계속 앞으로 나아가게 할 일생일대의 교훈과 책과 테이프를 발견했다.

이제 그는 80대가 되었지만 은퇴하지 않았다. 그는 계속 도전한다. 그는 나아가고 있다. 앞으로, 더 위로, 더 좋은 길로, 신의 길로.

마지막으로, 밥은 자신이 성공할 거라 믿었고 결국 그렇게 되었다.

그가 무의식적인 능력을 얻었듯이 당신도 그렇게 할 수 있다.

이 책을 읽으면서 여러분은 평범한 사람들- 일부는 극한의 어려움을 겪은 사람들 -이 특별한 삶을 사는 모습을 보게 될 것이다. 당신은 이제 행동을 취하고 특정 원칙을 지켜야 한다. 내가 그렇게 요구할 것이다. 이러한 훈련은 쉽고 간단하지만, 확실한 결과를 얻으려면 21일 동안 규칙적으로 실행해야 한다.

### 21의 힘

≫ 아이디어가 당신의 것이 될 때까지 이 책을 21번 읽기를 바란다. 오래된 습관이나 믿음이 한쪽으로 밀려나고 그 자리에 새로운 습관과 믿음이 생겨나는 데는 21일이 걸린다.

베스트셀러 작가였던 맥스웰 말츠Maxwell Maltz 박사는 다음과 같은 사실을 발견했다. 그는 1960년대와 1970년대에 유명했던 성형외과 의사이자 정신과 의사이기도 하다. 그는 성형수술을 했던 환자들에게 붕대를 풀기 전까지 21일 동안 다음 말을 끊임없이 계속 반복하라고 지시했다.

"나는 아름답다, 나는 아름답다, 나는 아름답다."

이때 진심으로 그렇게 느끼고 믿어야 한다. 그의 지시를 듣지 않은 환자들은 그 누가 뭐라 하든 여전히 자신을 매력적으로 생각하지 않았다. 이것을 자아검증이라고 한다.


이 21일 개념을 실행하면서 긍정적인 마음을 유지해야 한다. 처음 며칠간은 결과가 나타나지 않는다고 하더라도 21일 동안 끝까지 지키려고 노력해야 한다. 21일이란 것은 결국 긴 인생에 비하면 아주 짧은 기간이 아닌가. 이 21일은 당신이 변하든 말든 어쨌든 지나갈 시간이다. 이것저것 재기 전에 한 달 동안 이 과정을 이행하고 따르기로 약속하자.


### 상상력과 드림팀

≫ 다음 개념은 드림팀의 팀원을 찾는 것이다. 즉, 크게 생각하고 같은 뜻을 품을 사람을 찾아야 한다. 당신과 함께 드림팀이 되는 그 사람도 삶에 큰 변화를 가져오기 위해 역시 이 책을 21번 읽어야 한다.

이 책의 8장, "드림팀을 꾸려라"에서 완벽한 사람을 찾는 방법을 설명한다. 그러면 당신에게 무슨 이득이 있냐고? 당신 앞에 풍요롭고 신비하고 고귀하고 마법과 같은 삶이 펼쳐질 것이다. 그것은 단순히 "좋다"라고 표현될 수 있는 것 이상의 삶이다.

다음 개념은 상상력을 연습하는 것이다. 알베르트 아인슈타인Albert Einstein은 "우리가 직면하고 있는 중요한 문제는 그 문제가 발생한 수준의 사고로는 해결될 수 없다."라고 말했다.

밥에 따르면 해결책은 문제 위에 있어야 한다고 지적한다. 그래야 새롭고 명확한 관점에서 바라볼 수 있다. 그는 문제를 종이 위에 있는 일련의 줄로 생각하고 바라보라고 제안했다. 예를 들어, 문제가 20번째 줄에 있다고 가정하고, 10번째 줄로 가 그 관점에서 20번째 줄에 있는 문제를 내려다보는 것이다.

이 장에서 설명하는 아이디어는 새로운 해결책, 대안, 옵션들을 도출해 낼 수 있도록 생각의 수준을 높일 것이다. 다른 아이디어, 비전, 관점, 꿈을 창조하고 생각해냄으로써 해결책을 찾을 수 있다. 당신은 세상에서 가장 위대하고, 특별하고, 뛰어나고, 인상적이고, 슈퍼스타다운 유익한 존재, 인간 보물이라 불릴 것이다. 이 모든 것은 바로 위대한 선물인 상상력을 통해서 이룰 수 있다. 그리고 오직 당신만이 이것을 사용할 수 있다.

신은 모든 창조물 중에서 오직 인간에게만 상상력을 부여했다. 빌 게이츠Bill Gates는 "마이크로소프트의 유일한 자산은 인간의 상상력"이라고 말했다. 나라면 "우리의 유일한 자산은 인간의 상상력"이라고 말하겠다.

월트 디즈니Walt Disney도 "상상만이 유일한 실제"라고 말했다.

월트 디즈니는 첫 번째 직장에서 상상력과 아이디어가 부족하다는 말을 들었다고 한다. 믿기는가? 우리들 각자는 우리의 상상력을 막으려고 하는 누군가를 한 명씩은 알고 있다. 그들의 무지와 척박한 사고에 매몰되지 않도록 조심해야 한다. 그 대신 우리는 계속 상상력을 발휘해야 한다.

## 큰 사고 활용하기

≫ 무의식적 능력이 발현되고, 드림팀을 꾸리고, 상상력이 발휘되었으면, 그다음 단계는 큰 사고를 활용하는 방법을 배우는 것이다.

이 개념은 "3M"이라고 하는 경제학적 기준에 바탕을 두고 있다.

M1은 시간을 돈으로 바꿀 때 발생한다. 안타깝게도 미국인의 97퍼센트가 이 영역에서 먹고 일하고 존재한다.

M2는 건실한 수익을 내는 자본, 주식, 채권, 부동산, 기타 자산에 돈을 투자하는 영역이다. 여기서의 목표는 자산 수입으로, 편안하고 지속 가능한 삶을 살 수 있는 충분한 부와 M2 자산을 쌓는 것이다. 그 수치가 얼마냐는 중요하지 않다. 당신이 원하고 필요로 하는 것은 무엇이든 쓸 수 있다. 단지 크게 생각하고 큰 사고를 바탕으로 행동함으로써 얻을 수 있다.

마지막으로 M3는 다른 사람을 통해 자기 자신을 활용하고 지속적인 잔여 수입이 쌓일 때 발생한다.

밥 프록터는 사무실 청소와 창문 닦기 인력을 수백 명으로 구성했다. 여기저기서 벌어들인 약간의 잔여 수입에 많은 사람의 수가 곱해지면 기하급수적인 수입이 된다.

여기에 비밀의 한 단계가 더 있다. 나는 이것을 M4 수입이라고 부르는데, 아이디어를 돈으로 바꾸는 영역이다. 전문 용어로 말하자면, 지적 재산권을 파는 것이다. 지적 재산권의 종류에는 책, 테이프, 비디오, 특수 보고서, 상표권, 라이선스, 비디오, 영화, 프랜차이즈, 게임, 사진, 장난감, 카드 소프트웨어, 음악 등이 있다. 한 번 만들어놓으면 거의 영원히 이에 대한 수입이 들어온다.

싱어송라이터 폴 앵카Paul Anka는 8,000곡을 작곡했는데, 그중 한 곡이 TV「투나잇 쇼」의 주제곡으로 종종 사용돼 거기서 나오는 저작권 수입만 가지고도 은퇴 이후의 삶을 누릴 수 있었다.


이 M4가 내가 살고 움직이고 존재하는 영역이다. 난 이곳을 사랑한다. 일단 무엇인가 생각나면, 그것을 종이에 적어 판다. 아니면 남에게 대신 팔게 한다. 이 세상에는 당신의 돈을 말 그대로 하룻밤 사이에 불려줄 수 있는 엄청나게 많은 수의 배급사, 실시권자, 재실시권자가 있다.

이 책을 통해 나는 생각을 단지 크게 하는 것이 아니라 기하급수적으로 늘릴 수 있도록 촉발하는 방법을 공유할 것이다.

또한, 다양한 이야기도 들려줄 계획이다. 희망을 주고 영감을 주는 이야기를 더 많이 들을수록 우리의 생각은 더 커지고 더 개선될 수 있다. 우리는 우리의 현 상황과 관련된 다른 사람의 이야기를 들음으로써 자신만의 새로운 이야기를 창조한다.

당신이 이 책을 다 읽는다면, 자신의 상황에 적용할 이야기가 많을 것이라 장담한다. 당신은 관점을 바꾸고, 믿음을 고양시키고, 한때 해결할 수 없다고 생각했던 문제들에 대한 해결책을 찾을 것이다.

아이디어들이 몽글몽글 올라오기 시작할 것이다. 좋은 아이디어가 떠오르면, 즉시 그것을 적고 기록하라. 운전 중이라면, 차를 세우고 섬광처럼 떠오른 생각을 낚아채라. 얼 나이팅게일은 이렇게 말했다.

"아이디어는 축축하고 미끈거리는 생선과 같아서, 떠오르자마자 잡아야 한다. 아니면 스르륵 빠져나가 다시는 나타나지 않는다."

심리학자들은 사람들이 보통 하루에 5만 개의 아이디어를 떠올린다고 말한다. 큰돈을 버는 아이디어 하나면, 그것으로 족하다. 지금 바로 당신 앞에 그 아이디어가 있다. 그걸 소중히 여기고, 배양하고, 수확하라.

스티븐 스필버그는 「이티E.T. the Extra Terrestrial」 영화로 엄청난 수입을 거뒀다. 그러나 영화 자체보다 작품에 대한 라이선스로 더 많은 돈을 벌었다.

보험 대리인이었던 L. 프랭크 바움L. Frank Baum은 자신과 자녀들을 위해 『오즈의 마법사Wizard of Oz』를 썼다. 이 이야기는 다양한 책과 수많은 영화, 연극, 핼러윈 의상으로 만들어졌고, 여전히 매년 그에게 수백만 달러를 벌어다 준다. 생각이 그것을 가능하게 만든다. 그러니 크게 생각하라. 위대한 자신의 아이디어에 마음을 열어라.

## 시간 낭비하지 않기

≫ 다음 개념은 아이디어가 나왔으면 지체 없이 행동에 옮기라는 것이다. 진심으로 말하건대, 꾸물거릴 시간이 없다. 우리는 모두 목표를 달성할 수 있는 자연스럽고 반사적인 능력을 타고났다.

그런데 나는 그저 엉덩이를 깔고 앉아서 배가 들어오기만을 기다리는 사람들을 매일 만난다. 그들은 아마 평생을 기다리기만 할 것이다. 왜냐하면 그들은 배를 내보내지도 않았으니까. 그만 기다려라. 이제 당신이 세상에 줄 수 있는 위대한 재능을 실현해야 할 때다. 만약 당신이 그 재능을 알아채지 못하고, 사용하지 않고, 그저 흘려보낸다면, 나중에는 되찾을 수 없다.

자신의 꿈을 실현하기 위해 행하는 첫 번째 행동은 아마 완벽하지 못할 것이다. 성공으로 가는 길에 완벽한 시도 같은 건 없다. 그렇다고 해서 앞으로 나아가는 것을 그만둘 수는 없다.

스탠드업 코미디언 로빈 윌리엄스Robin Williams, 스티브 마틴Steve Martin, 스티븐 라이트Steven Wright, 우피 골드버그Whoopi Goldberg는 얼마나 많은 밤을 웃지 않은 관객들 앞에 섰는지 모른다.

볼프강 퍽Wolfgang Puck이나 줄리아 차일드Julia Child와 같은 셰프들도 보기만 해도 군침이 흐르는 요리를 만들기 전까지 주방 한두 개쯤은 태워 먹었을 것이다.

테드 터너Ted Turner, W. 클레멘트 스톤W. Clement Stone, 메리 케이 애시Mary Kay Ash와 같은 기업가들도 억만장자가 되기 전, 수많은 거절과 실망, 부도와 좌절을 겪었다. 당신의 목표가 무엇이든 결코 완벽하게 달성되지는 않는다. 지금 위치에서, 지금 가진 것으로 바로 시작해야 한다. 『생각하라, 그리고 부자가 되어라』에서는 이렇게 말하고 있다.

"준비가 되었든 아니든, 지금 당장 시작하라."

무엇이 가능한지 깨달아라. 깨달음은 마치 24층 고층빌딩과 같다. 우리는 모두 바닥에서 벌거숭이로 무기력하고 무지하게 태어났다. 우리는 모두 오르락내리락하며 그 빌딩 어딘가에 있을 것이다. 신적 깨달음의 집약체라 할 수 있는 꼭대기층으로 가기 위해.

어떤 이는 이 건물에 엘리베이터가 있다는 사실도 모른다. 이 책이 당신의 눈을 뜨게 하고 엘리베이터로 향하게 하라. 이제 엘리베이터를 타고 위로 올라가라. 일단 꿈을 향해 나아가면, 걱정을 멈추게 된다. 꿈을 활용할 기회와 시간을 인식하고, 위험이 발생하기 전에 미리 피할 수 있다.

학생이었을 때 나는 R. 벅민스터 풀러R. Buckminster Fuller 박사와 여행을 함께 했다. 그는 선견지명이 뛰어난 사상가였다. 우리는 비행기에 올랐고 그는 조용히 내게 말했다. "빨리 짐을 챙겨서 당장 내려요."

그 비행기는 추락했고, 이 사고로 탑승자 전원이 사망했다.

풀러는 높은 수준의 깨달음을 얻은 사람이었다. 그는 이 은유적 고층빌딩의 꼭대기 어딘가에 위치할 것이다. 그 당시 난 그가 본 것을 보지 못했다. 그러나 이제 그걸 보는 법을 배웠다.

## 멘토 찾기

≫ 다음으로 강력한 개념은 멘토와 함께 학습하는 것이다. 당신 위에 있는 사람들을 연구함으로써 그들의 수준을 더 빨리 알아낼 수 있다. 나의 동료인 웨인 다이어Wayne Dyer 박사는 『영원의 지혜: 깨달음을 얻기 위한 60일Wisdom of the Ages: Sixty Days to Enlightenment』이라는 책을 썼다.

이 책에는 60명의 사상가, 선구자, 자아를 실현한 사람들이 나오는데, 웨인은 이들을 연구하는 데 평생을 바쳤다. 이 같은 사려 깊은 전기 연구가 당신의 사고를 확장하고 좀더 다양한 관점을 제공할 것이다.

이러한 책들은 우리도 평범함에서 비범함으로 이동할 수 있다는 믿음을 불어 넣어준다.

이런 연습을 해보는 게 좋다. 당신이 만나는 모든 사람에게 세상에서 가장 큰 사상가가 누군지 물어보는 것이다. 많이 메모하고 세션을 기록하라. 예언컨대, 당신의 삶에서 가장 놀라운 대화를 나누게 될 것이다.

그리고 사람들이 실제로 무엇을 생각하는지 또는 생각하지 않는지를 알게 될 것이다. 당신을 기쁘게 하고, 흥분되게 하고, 자극하고 심지어 놀라게 하는 것들을 발견할 것이다. 진정한 삶의 대학으로 들어서게 될 것이다.

그러다 어느 순간 모든 위대한 사상가와 선구자, 자아를 실현한 사람들이 여행했던 길에서 학습 곡선의 가속도를 경험하게 된다. 그들이 어디로 가는지 잘 살피고 그들이 갔던 길을 따라가라.

나는 이 시대의 가장 유명한 강연가 중 하나인 캐빗 로버트<sup>Cavett</sup> Robert를 매우 존경한다. 캐빗은 미국 연사들의 원로였으며 미국연사협회 National Speakers Association 의 공동 창립자였다.

캐빗은 또한 자기계발 오디오를 제작했으며 독자들이 개인적 성장과 발전을 거듭할 수 있도록 돕는 플랫폼을 마련했다.

62세 때 그는 "당신은 원인인가, 아니면 결과인가?"라는 주제에 대해 강연을 하고 있었다. 소니<sup>Sony</sup> 에서는 막 워크맨 녹음기 1세대를 만들었다. 그때까지 휴대용 녹음기라는 것이 없었기 때문에 오디오로 학습하고자 했던 사람들은 거실에서 레코드판으로 들어야 했다.

7,000명의 로터리클럽 회원에게 강연하던 중 캐빗은 소니 워크맨으로 자신의 강연 테이프를 들을 수 있다고 처음으로 발표했다. 놀랍게도, 7,000명의 참석자들 전원이, 한 명도 빠짐없이 이 새로운 휴대 장치와 함께 코빗이 녹음한 테이프를 샀다.

캐빗은 너무나 놀랐다고 내게 말했다. 그는 다른 사람들에게 도움이 되는 자신의 강연 내용을 어떻게 반복해야 할지 그 방법을 궁리하느라 3일 밤을 새웠다.

그는 30년 후에 수십억 달러 가치의 교육용 오디오 자료를 팔게 될 산업을 막 시작했다는 것을 거의 알지 못했다. 전 세계 곳곳에서 수천 명의 연사, 교사, 교육 담당자들이 캐빗의 실험으로 혜택을 받았다.

당신의 멘토는 누구인가? 현대 문화에서 '크게 생각하기'의 예를 찾을 수 있는가? 오프라 윈프리Oprah Winfrey는 어떤가?

딥 사우스Deep South에서 태어난 오프라는 열네 살 때 임신을 했다. 그녀는 자신이 목소리도, 영향력도, 권력도, 돈도 없이 태어났다고 말한다. 그녀는 학대를 받고, 고통을 받고, 구타를 당했지만, 그 모든 것을 이겨냈고, 읽고 쓰는 법을 배웠다. 그녀는 일기에 언젠가 자신은 『배니티 페어Vanity Fair』 잡지와 『TV 가이드』의 표지 인물이 될 것이라고 썼다. 그것은 거의 불가능해 보였다. 왜냐하면 그녀의 눈에도 자신이 뚱뚱하고 촌스럽고 땅딸막해 보였기 때문이다.

그리고 오프라는 운동 코치인 밥 그린Bob Green을 만났다. 그는 하루에 두 번 운동함으로써 그녀의 이미지와 에너지, 삶을 변화시킬 수 있다고 확신을 주었다. 운동은 그녀의 삶뿐만 아니라 미래까지 변화시켰다. 그리고 그녀는 진정한 성공을 대변하는 인물이 되었다.

우리는 모두 속으로 "오프라가 할 수 있다면, 나도 할 수 있어."라고 말할 수 있다. 그러나 이것은 단지 가능성이 아니라 의지의 문제이다. 스스로에게 이렇게 말하라.

"그녀가 그렇게 했다면, 나도 그렇게 할 것이다."

만약 당신에게 그렇게 하겠다는 강인한 정신력이 있다면, 삶은 열정으로 타오를 것이다. 언제부터 시작할 수 있냐고? 지금 당장이다. 삶을 변화시키는 꿈을 실현하려면 매일 무언가를 쌓아라.

## 레이의 성공

≫ 레이 크록Ray Kroc은 자신이 햄버거 사업을 할 거라고는 꿈에도 생각하지 못했다. 그는 멀티믹서라고 불리는 새로운 밀크셰이크 기계 영업으로 충분히 잘살 수 있다고 생각했다.

어느 날 그는 맥도날드 형제(맥과 딕)가 이 멀티믹서를 한 번에 8대나 산 것을 알았다. 레이 크록은 대량 주문에 깜짝 놀랐고 맥도날드 형제가 도대체 8대의 멀티믹서로 무엇을 하는지 너무 궁금했다. 그것을 자신의 눈으로 확인하기 위해 캘리포니아의 샌버너디노로 찾아갔다. 그곳에 도착한 레이는 자신의 눈을 믿을 수 없었다. 오전 11시부터 오후 2시 30분까지 드라이브인 주차장은 손님들로 꽉 들어찼다. 맥도날드는 15센트짜리 햄버거와 감자튀김, 밀크셰이크, 청량음료, 커피 등 간단한 메뉴를 제공하는 깔끔한 매장을 운영했다.

그날 밤, 레이는 맥도날드 드라이브인 지점이 미국 시골 전역에 세워진 모습과 그 지점마다 멀티믹서 8대가 들어차 있는 환영을 보았다.

다음 날 그는 형제에게 확장을 고려해 본 적이 있는지 물었다.

"지금 모든 것이 만족스럽습니다."라고 그들은 말했다.

"확장을 하면 많은 문제가 따릅니다. 우리는 단지 현재 가진 것을 즐기고 싶을 뿐이에요. 언덕 위에 있는 저 큰 집 보이죠? 그게 우리 집입니다. 우리는 그 안에서 편안한 삶을 즐기고 있어요."

레이는 그들을 위해 모든 식당을 열 다른 사람을 찾을 수 있다고 제안했다. "누군데요?"

덕이 물었다. 레이는 자신도 모르게 "나는 어때요?"라고 물었다.

맥도날드 형제는 바로 그날 레이에게 확장 계약서에 서명했다.

1954년 당시에는 "프랜차이즈"는 말할 것도 없고, 드라이브인 레스토랑의 개념에 익숙한 사람은 거의 없었다. 레이는 54세였고, 당뇨, 관절염, 기능성 담낭 질환을 앓고 있었지만, 그의 앞날은 최고만 기다리고 있다고 확신했다.

레이의 첫 프랜차이즈는 1955년 일리노이 주 데스플레인즈였다. 확장을 위한 돈이 부족했을 때, 레이는 공급업체였던 코카콜라에 가서 사정을 이야기했다. 코카콜라는 마음에 들어 했다. 그들은 레이의 성장을 돕기 위해 지불 기간을 연장해 주었다. 오늘날 맥도날드는 코카콜라를 세계에서 가장 많이 팔아주는 회사이다. 2018년 현재, 맥도날드는 전 세계 3만 8,000개의 지점에서 6,000만 명의 고객에게 햄버거를 제공하고 있다.

## 숨겨진 기회 찾기

≫ 다음 개념은 그냥 지나쳤던 숨겨진 기회를 찾는 것이다. 이것은 아이디어라기보다는 깜짝 선물에 가깝다. 종종 우리는 다른 사람의 기회에서 그들보다 더 많은 가능성을 본다. 사용되지 않는 리소스, 자산, 재능, 제품 및 서비스를 계속 주시하라. 이러한 리소스는 어디에나 존재한다. 당신의 기회는 이런 리소스를 찾고 최대한 활용하는 것이다.

피터 존 드 사바리Peter John de Savary는 아버지의 가구 사업에서 소유권을 거절당했다. 그는 실망감에 **빠져** 있기보다는, 집과 차를 팔고 네덜란드로 이주했다. 그리고 새로운 기회를 찾기 시작했다.

곧 그는 3,000파운드(당시 약 6,000달러) 상당의 수출입 사업 제안을 받았다. 그는 6,000파운드를 모금하는 사업 계획을 작성했는데, 절반은 사업을 인수하기 위한 것이었고, 나머지 절반은 트로피컬 정장과 인상적인 서류 가방, 그리고 아프리카행 일등석 항공권을 사는 데 쓰려고 했다. 젊은 변호사 한 명을 **빼고는** 모두가 이것은 손해나는 투자라고 생각했다.

첫 번째 출장을 위해 피터는 나이지리아로 가는 비행기 일등석에 몸을 실었다. 그의 옆에는 나이지리아 공군 조종사 모세 고윈Moses Gowon이 앉게 되었다. 그는 이제 막 은퇴하고 민간인의 길로 들어선 터였다.

당시 인구수가 6,200만 명이었던 나이지리아는 내전 후 막 재건을 시작한 나라였다. 두 사람은 모두 초보 사업가였고 함께 일하기로 결심했다. 그들은 악수로 거래를 성사시켰다.

다음 날 고윈은 피터에게 전화를 걸어 소개해주고 싶은 공무원이 있다고 말했다. 약속 장소에 가는 길에 피터가 물었다. "그 사람이 누군데요?"

고윈이 대답하기를, "내 동생이에요, 나이지리아의 대통령이죠."

나머지 이야기는 두말할 필요도 없다. 피터는 나이지리아에서 가장 영향력 있는 사람 앞에 섰다. 나이지리아는 자국에서 생산되는 풍부한 석유를 제외한 모든 것을 필요로 했다. 그들은 피터에게 유럽으로 가 식료품, 농산물 등 생각할 수 있는 모든 상품과 서비스를 가져오라고 의뢰했다.

피터의 수입과 영향력은 말 그대로 하늘을 뚫었다. 피터는 앤드루 카네기Andrew Carnegie가 사랑해 마지않았던 스코틀랜드의 스키보 캐슬 Skibo Castle과 캐슬에 딸린 8,000에이커 넓이의 부지를 함께 구입해 개조했다.

### 필요, 욕심, 자유

≫ 당신이 어떻게 이러한 사람들이 했던 일을 할 수 있을까? 필요, 욕심, 그리고 자유. 처음에는 약간 거슬릴 수도 있지만, 우선 이 세 가지 단어에 대해 이야기한 다음 여전히 동의하지 않는지 확인해보자.

간단하다. 우선, 여러분을 자유로 이끌 수 있는 기회가 생겼을 때 행동을 취하기 위해 필요와 욕심을 보도록 스스로 학습하는 것이다. 성장의 진화는 항상 이 세 단계를 거친다.

우리는 모두 도움을 필요로 하는 존재다. 홀로, 벌거벗은 채, 무지하고, 무력하게 태어난다. 딸 멜라니가 어릴 적 목욕을 하면서 욕조에 앉아 "도와줘, 누가 좀 도와주세요."라고 칭얼댈 때면 아내와 나는 웃음을 참으며 지켜보곤 했었다.

그녀는 이렇게 도움을 필요로 하던 때를 지나 충분히 자랐지만, 누군가는 여전히 도움이 필요한 시기에 갇혀 있을 수 있다. 그들은 자신을 드러내고 성장하고 신이 주신 잠재력에 부응하기를 원치 않는다.

이 시기가 지나면 우리는 욕심의 단계에 도달한다. 우리는 사랑, 우정,

명성, 돈 또는 그 무엇이 됐든 어떤 것에 욕심을 낼 수 있다. 욕심은 누구나 가질 만큼 충분하지 않으며, 자기 자신도 충분하지 않다고 생각할 때 생긴다.

1798년 영국의 경제학자 토마스 맬서스Thomas Malthus는 인도가 자멸하리라 예측했다. 그는 올바른 신념을 가지면, 누구도 욕심을 낼 필요가 없도록 충분히 풍요로운 세상을 만들 수 있다는 것을 이해하지 못했다.

이것이 자유다. 맬서스는 냉장, 운송, 관개, 이종교배, 윤작, 간작, 수경재배를 상상할 수 없었다. 오늘날 이러한 수단은 우리 삶의 일부다.

디즈니 월드의 엡콧 센터Epcot Center만 가 봐도 자유로운 세상의 모든 경이로운 것들을 눈으로 확인할 수 있다. 공예 박물관을 봐도 인류가 어떻게 현재 살아 있는 모든 사람을 먹여 살리며 지속 가능한 방법으로 미래에도 그렇게 할 수 있는지 알 수 있다.


"난 충분해."

긍정적인 확언에 대해 이야기해 보자. 앞에서 언급했듯이 욕심에 대한 두 번째 이유는 "난 충분하지 않아" 증후군 때문이다. 가끔 우리는 우리가 충분치 않다고 느끼기 때문에, 부족함의 감정을 극복하기 위해 계속해서 자신을 계발해야 한다. 우리는 자기 자신에게 끊임없이, 그리고 지속적으로 긍정적인 말을 해줘야 한다.

확언은 여러분이 스스로에게 하는 말이다. 이것을 믿고, 생각하고, 행동하면 확언은 눈앞에 실현된다.

이제 숙제를 내주겠다. 당신은 지금부터 하루에 50번씩 이렇게 말하는 것이다. "난 충분해. 난 충분해. 난 충분해. 난 충분해."

억양이나 톤은 상관없지만, 이 문장이 잠재의식 깊숙이 새겨질 때까지 하루에 50번씩 말한다. 처음에는 혼자서 조용히 되뇌다가, 거울 앞에 서서 말해본다. 그러다 차 안에서, 회의장으로 향하면서 말해본다.

그 효과는 매우 놀랍고 충격적이다. 엘리베이터를 타고 올라가면서 조용히 반복한다. "난 충분해. 난 충분해. 충분해. 충분해."

여러분은 내면의 힘과 새로운 자아상을 갖게 될 것이다. 또한, 할 수 있는 것에 대한 새로운 깨달음을 얻게 될 것이다.


### 두려움 없는 믿음

≫ 다음 개념은 두려움 없이 믿으라는 것이다. 물론 우리는 살면서 가끔 두려움과 장애물에 부딪힌다.

성경에서 하나님은 다니엘을 사자 굴에서 구했다. 다니엘은 하나님에 대한 믿음을 실천하려 했지만 왕은 다니엘의 영적 청원을 조금도 달가워하지 않았다. 왕은 다음과 같은 작별 인사를 전하며 다니엘을 사자 굴로 던졌다. "네가 항상 섬기는 너의 하나님이 너를 구해줄 것이다."

다음 날 아침 일찍, 왕이 사자 굴로 가보니 다니엘은 완전히 멀쩡한 모습으로 왕에게 손을 흔들어 보였다. 그러면서 다니엘은 이렇게 말했다. "나의 하나님이 천사를 보내시어 사자의 입을 다물게 하셨고, 그리하여 사자들은 나를 해칠 수 없었습니다."

다니엘은 절대적인 믿음 덕분에 사자들을 두려워하지 않을 수 있었다. 사자들은 다니엘에게서 두려움의 냄새를 맡을 수 없었고, 단지 그를 굴에 떨어진 장난감이라고만 생각했다.

말하자면 당신이 사자 굴에 던져졌다 해도 정신을 똑바로 차리고 무한한 선과 무한한 신에 집중하면서 두려움을 떨쳐버린다면, 절대 다치지 않는다. 그러나 두려움과 위협에 굴복한다면 산 채로 잡아먹히게 된다.

그러니 삶의 주도권을 잡아라. 자신의 운명과 길을 통제하고 자신이 원하는 대로 조율해 나가는 것이 무엇보다 중요하다. 그러면 세상의 지배자와 통치자들까지도 당신이 자유롭다는 것을 알게 될 것이다.

### 삶의 주도권 잡기

≫ 다음 적용 개념은 자신의 삶과 미래의 주도권을 잡으라는 것이다. 학교에서든 직장에서든, 또는 자기계발서, 오디오, 비디오를 통해서든, 당신이 원하는 모든 과정을 철저히 검사하거나 시험하거나 시도하는 것을 주저해서는 안 된다.

기억하라. 당신은 최고의 것을 누릴 자격이 있다.

오늘날에는 인터넷을 통해 이 모든 것을 시도해볼 수 있다. 내가 자녀교육에 사용했던 감사(監査) 이론이 있는데, 여러분도 이 방법을 사용해보라고 권하고 싶다.

내 아이들은 공립학교에 다닌다. 큰딸 엘리자베스가 학교에 들어가기 전 유치원에 다닐 때다. 나는 엘리자베스가 듣는 6개 수업 모두를 직접 참

관했다. 마지막이 캐시 펠로우즈 선생님이 가르치는 수업이었는데, 그녀는 정말 훌륭했다. 캐시는 모든 것에 능통했고, 결과물은 정확했다. 아이들도 그녀를 잘 따르고 좋아했다. 그녀는 영어와 스페인어로 말하고 가르쳤다. 그녀는 알파벳을 가르칠 때 아이들에게 "나는 X야." "나는 Y야." "나는 T야." 이런 식으로 말하면서 몸을 사용하여 알파벳 글자를 만들게 했다. Q를 만들 때는 어떻게 했을까? 아이들이 도넛 모양으로 몸을 만 후, "나는 Q야."라고 말하면서 마지막에는 혀를 내밀었다. 이러한 방법을 운동감각 학습이라고 한다.

내가 그 교실에 앉아 있었기 때문에, 엘리자베스와 여동생인 멜라니는 펠로우즈 선생님의 가르침을 더 잘 받아들이고 수업을 즐겼다.

나는 또한 학교가 시작되기 전에 각각의 선생님을 집으로 초대해서 아이들과 함께 저녁 식사를 했다. 선생님들은 아이들은 좋은 학생이 되고 선생님은 좋은 교사이길 바라는 우리의 바람을 잘 이해하고 돌아갔다. 그 이후 선생님들은 무슨 일이든 계획에서 벗어난다 싶으면 우리에게 부담 없이 전화했다.

나는 공립학교 시스템을 지지한다. 그리고 더 좋게 개선하고 싶다. 그러기 위해서는 나 자신이 참여해야 하며, 다들 그렇게 해주길 바란다.

자녀 교육에 관심을 가지고 적극적이고 직접적으로 참여하면 자녀의 성적과 태도는 눈부시게 발전한다. 교사들도 자녀를 함께 교육한다는 공동의 동반자 관계에 편안함을 느낀다. 모두에게 이득이 되는 방식이 아닐 수 없다.

이것도 역시 크게 생각하기의 일부이다. 우리는 너무도 자주 우리가 가진 힘에 겁을 먹는다. 절대 그럴 필요가 없다. 자신의 미래에 어떤 결과가 나올지 알고 싶은가? 그렇다면 그 결과를 만들면 된다.

### 모든 건 생각하기 나름

≫ 다음으로 적용할 수 있는 개념은 모든 건 생각하기 나름이라는 것이다. 크게 생각하기는 궁극적으로 당신과 당신 가족의 미래에 안전을 제공한다. 왜냐하면 우리는 외부에서가 아니라 내면에서부터 안전을 느끼기 때문이다.

우리가 아무리 가장 소중한 보물을 가졌다고 해도 이것이 내일이라도 사라질 수 있다는 생각에 여전히 피해망상증에 사로잡힐 수 있다. 그렇게 되지 않으려면 최고로 안전한 금고를 가져야 하는데, 그건 바로 우리의 내면이다. 그리고 필요하다면 내면의 모든 것을 바꿀 수 있어야 한다. 왜냐하면 당신의 마음이 처음부터 모든 것을 창조했기 때문이다.

성공한 사업가이자 자선가인 폴 J. 마이어Paul J. Meyer는 저서 『나는 부를 물려받았다I Inherited a Fortune』에서 이렇게 썼다.

"당신이 선명하게 상상하고, 간절히 열망하고, 진심으로 믿고, 열정적으로 행동으로 옮기면 그것이 무엇이든 필연적으로 이루어진다."

폴은 거물 사업가였고 83개의 사업체를 소유했다. 그는 21세에 이미 자수성가한 억만장자였다. 폴은 앞에서 말한 욕심을 훨씬 뛰어넘어 완전한 자유를 얻었던 사람이다.

이런 사람이 또 있다. 스티브 윈<sup>Steve Wynn</sup>은 화려함과 우아함, 낭만의 결정체인 벨라지오 카지노를 만들어냄으로써 라스베이거스를 재창조하기로 마음먹었다.

크게 꿈꾸고, 크게 살고, 크게 행동하고, 크게 생각하면 큰 결과가 찾아온다. 그러면 당신은 멈출 수 없게 되고 마침내 자유를 얻는다. 마음이 자유로워지면 물리적인 세계는 더 이상 당신을 구속하지 못한다.

이것을 기억하라. 회사나 사업체는 자동차의 껍데기일 뿐이다.

당신의 마음이 엔진이다. 당신의 부를 결정하는 것은 당신이 손에 넣은 것이 아니라 바로 당신 자신이다.

도전은 기회를 부르기 마련이다. 황금기가 왔다. 바로 지금이다. 당신은 황금기의 일부이다.

860억 개의 뇌세포가 부에 채널을 맞추고, 반응하고, 부를 이룰 것이다. 당신은 큰 사고의 폭풍을 일으킬 수 있다.

여기서 다소 망설임을 느끼는 독자들을 위해, 다음 장 "두려움을 로켓 연료로 바꾸는 법을 터득하라"에서 더 자세히 다룰 것이다.

나는 당신이 당신의 로켓 선에 불이 붙고, 당신이 열망하고 준비가 되어 있다는 것을 발견하고 그래서 당신의 가장 큰 꿈과 가장 큰 열망도 뛰어넘는 엄청난 성공을 향해 발사되기를 기다렸으면 좋겠다.

자기 자신부터 위대함을 향해 나아가라. 우리는 각자 자기 삶의 최고 경영자이자 사장이다. 우리는 우리가 걸어온 길, 현재의 위치, 미래로 가는 길에 대해 개인적으로 책임질 필요가 있다.

런던 웨스트민스터 사원의 지하실에 있는 성공회 주교 무덤에 다음과 같은 글귀가 쓰여 있다.

"내가 젊고 자유로웠을 때, 나의 상상력은 한계란 걸 몰랐다. 나는 세상을 바꾸려는 꿈이 있었다. 나이가 들고 점점 현명해지면서, 세상이 바뀌지 않을 거란 걸 깨달았다. 나는 시야를 더 좁혀 조국을 바꾸기로 결심했지만, 그것은 결코 움직일 수 없는 것처럼 보였다. 황혼기에 접어들었을 때 나는 마지막 남은 필사적인 시도로 나와 가장 가까운 가족만이라도 바꾸어 보기로 결심했다. 하지만 슬프게도, 가족들그 누구도 변화시킬 수 없었다. 이제, 임종을 맞아 누워 있자니 갑자기 깨달음을 얻는다. 만일 내가 나 자신을 먼저 변화시켰더라면, 나를 따라 내 가족도 변하지 않았을까. 그리고 그들에게서 영감과 용기를 얻어 조국을 더 발전시킬 수 있었을지도 모른다. 또 누가 알랴? 내가 세상을 바꾸었을지도…"

# 두려움을 로켓 연료로
# 바꾸는 법을 터득하라

여러분이 인생에서 어려움이나 장애물, 좌절이나 실망을 겪어본 적이 있다면, 이것을 피해갈 수 없을 거라는 데서 오는 고통을 잘 알 것이다.

또한, 문제를 더 빨리 파악하고 해결할수록 더 빨리 앞으로 나아갈 수 있다는 사실도 잘 안다.

이번 장에서는, 문제와 두려움을 극복함으로써 삶의 고통을 21일 안에 제거하는 방법을 알려주려 한다.

두려움은 잘못된 것에 대한 믿음이다. 두려움은 부정적인 이미지와 부정적인 결과를 받아들이고 믿는 것이다. 불행하게도, 우리는 모두 두려움에 빨려 들어간다. 하지만 이제 그것을 로켓 연료로 바꿀 것이다.

"내가 미리 알았더라면"

≫ 우리는 누구나 두려움을 느낀다. 다행히도 우리는 이 두려움을 로켓 연료로 바꿀 수 있다. 이제 그 방법을 당신과 공유할 것이다.

먼저 두려움에 대처했던 한 사람의 이야기를 들려주겠다.

자나 스탠필드Jana Stanfield의 이야기인데, 그녀는 「영혼을 위한 닭고기 수프」에 나오는 여러 곡을 작곡했다. 그녀의 가장 유명한 노래를 컨트리송 가수인 리바 매킨타이어Reba McEntire가 부르기도 했다. 리바는 비행기 사고로 사망한 자신의 밴드 멤버들을 추모하기 위해 이 노래를 불러 트리플 플래티넘을 달성했다.

그 노래는 다음과 같다.


그것이 빗속의 마지막 산책이었단 걸

내가 미리 알았더라면

폭풍우 속에서도 몇 시간이고 널 지켜줬을 텐데

내 심장의 생명줄처럼

네 손을 잡아줬을 텐데

천둥 아래서 우리는 따뜻했을 텐데

그것이 빗속의 마지막 산책이었단 걸

내가 미리 알았더라면


다시는 네 목소리를 들을 수 없단 걸

내가 미리 알았더라면

네가 했던 말 하나하나를 다 기억했을 텐데

이렇게 외로운 밤엔

난 다시 한 번 너를 생각하네


내 마음속에 네가 했던 말이 살아 숨 쉬네

다시는 네 목소리를 들을 수 없단 걸

내가 미리 알았더라면

넌 내 마음속의 보물이었네

넌 항상 내 옆에 있어 주었지

그것도 모르고, 난 어리석게도

네가 항상 거기 있을 거라고 믿었지

그러나 어느 날 내가 눈을 감고 있는 사이에

넌 그렇게 가버렸지


그것이 너의 곁에서 보내는 마지막 밤이란 걸

내가 미리 알았더라면

기적이 새벽을 멈추게 해달라고 기도했을 텐데

그리고 네가 날 보고 웃을 때

네 눈을 오래 바라봤을 텐데

너에 대한 내 사랑이 오래도록 계속되리란 걸

네게 말했을 텐데

내가 미리 알았더라면

내가 미리 알았더라면

내가 미리 알았더라면

내 사랑을 보여줬을 텐데


자나는 만약 친구들과 같은 날 그녀도 운전면허증을 받았다면 이 노래는 절대 만들어지지 않았을 거라고 내게 말했다. 그녀의 이야기는 이렇다.

"제가 자란 뉴멕시코 주 클로비스에서는 열다섯 살이면 운전면허를 땁니다. 우리 반 거의 모든 애들이 9학년에 열다섯 살이 되었어요. 학교 마지막 날, 운전면허 시험을 통과하면 면허증을 딸 수 있죠. 전 10학년이 되기 전까지 열다섯 살이 되진 않았지만, 제 친구들이 운전을 할 수 있다는 사실이 매우 기뻤어요. 중학교 마지막 날에 대한 흥분과 기대는 거의 참을 수 없을 정도였어요. 왜냐면 다시는 엄마에게 마치 소처럼 끌려 다닐 필요가 없었으니까요. 마침내 자유를 얻었으니까요.

그런데 아빠는 상황을 다르게 보셨어요. 아빠는 제 친구들이 운전하기에 아직 안전하지 않다고 생각했지요. 결국 제가 사고를 당할까 봐 걱정하셨고 가을에 고등학교 개학 전까지는 친구들과 놀러 다니는 걸 탐탁지 않게 생각하셨어요. 그래서 전 그해 여름에 도로시 이모 밑에서 일을 해야 했어요. 카센터에서 아르바이트를 했지요. 전 미숙한 10대였고, 이모는 제게 정말 잘해주셨어요. 그 여름이 끝날 무렵, 전 학교에 입고 갈 옷을 모두 살 수 있을 만큼 돈을 모았어요. 약간 다른 느낌으로 고등학교 생활을 시작할 수 있다는 느낌을 받았어요. 물론 좋은 방향으로요. 더 성숙해지고 강해지고 자신감도 커졌다고 할까요.

그 여름 이후, 저는 도로시 이모를 볼 시간이 많지 않았어요. 내가 대학을 졸업했을 때, 이모는 나에게 예쁜 팔찌를 주었는데, 선물 상자 안에는 팔찌보다 더 소중한 선물이 있었어요. 작게 접힌 낡은 종이에

'내 이름은 자나 리 스탠필드다. 별들이 내 머리 위에서 반짝인다. 나는 절대 아침 식사로 닭다리를 먹지 않을 것이다'라고 쓰여 있었어요. 제가 아르바이트하면서 끄적거렸던 메모지를 이모는 쭉 간직하고 계셨던 거예요.

6년 뒤, 저는 내슈빌에서 살고 있었어요. 작곡가가 되기 위해 고군분투하고 있었지만 그다지 큰 성공은 거두지 못했어요. 그때 도로시 이모가 암 진단을 받았다는 소식을 들었어요. 얼마 지나지 않아 전화를 한 통 받았어요. 도로시 이모의 상태가 빠르게 악화되고 있지만 그래도 아직 전화를 받을 기운이 있으니 작별 인사를 하라는 것이었어요. 전 전화번호가 적힌 종이 쪽지를 들고서, 누군가 사랑을 가지고 해주는 아주 작은 일이 삶에 얼마나 큰 변화를 일으킬 수 있는지 생각했어요.

그날 도로시 이모에게 전화한 것은 제가 경험한 것 중 가장 고통스러운 일이었어요. 저는 이모에게 제가 이모를 얼마나 사랑하는지 말했어요. 내가 누군가를 필요로 할 때 내게 손길을 내밀어준 것에 대해 감사한다고 말했어요. 전 전화를 끊고 싶지 않았어요. 시간을 멈추고 돌아가서 그녀와 더 많은 시간을 보내고 싶었어요. 도로시 이모와 내가 마지막으로 '사랑해'라고 말한 뒤, 나는 전화를 끊고 텅 빈 아파트의 정적 속에서 흐느껴 울었어요. 전 친절함으로 우리의 삶에 감동을 주고 우리가 그들에게 감사의 인사를 하기도 전에 사라지는 모든 사람들에 대해 생각했어요. 그로부터 몇 주가 지난 어느 외로운 일요일, 쏟아지는 눈물과 함께 '내가 미리 알았더라면'의 가사가 떠올랐어요.

전 아직 멜로디를 쓰는 것에 대해 잘 몰랐기 때문에, 제가 아는 가장 재능 있는 작사가인 크레이그 모리스Craig Morris에게 미완성된 가사를 가져가서, 이것을 멋지게 다듬어 달라고 부탁했어요. 도로시 이모는 내가 열네 살 때 내 삶을 바꿔놓았던 것처럼 '내가 미리 알았더라면'의 가사를 쓰도록 영감을 줌으로써 또다시 내 삶을 바꿔놓았어요."

자나의 이야기는 내게 감동을 주었다. 그녀의 고통은 모든 사람들의 마음을 감동시킨다. 왜냐하면 그녀는 모든 사람들의 삶과 모험, 고군분투에 대해 이야기하고 있기 때문이다.

그녀의 이야기는 우리의 두려움을 날려버릴 로켓 연료가 될 수 있는 용기와 희망, 도움과 격려의 말이 된다. 그녀는 두려움보다 더 큰 꿈을 꾸어야 한다는 것을 이해하고 있었다.

자나는 앨버커키에서 대학을 졸업하고 TV 뉴스 앵커가 되었다. 누군가의 꿈의 직장을 꿰찬 그녀는 흥미 위주의 뉴스만을 좇았다. 그러던 중 심각한 교통사고를 당하는 바람에 그녀의 커리어는 중단되었고, 삶의 목적과 열정을 한순간에 재고해야 하는 상황에 부닥쳤다.

그녀는 내슈빌에서 곡을 쓰고 노래와 공연을 하고 싶다고 생각했다. 그길로 짐을 싸 앨버커키에서 내슈빌로 이사했고, 내슈빌로 가는 내내 동기부여 강사의 강연을 들었다.

자나는 내슈빌의 대형 레코드 회사의 의사 결정권자를 만나 약속을 잡고 계약을 체결할 수 있으리라 확신했다. 그러나 현실은 만만치 않았고 낙담에 빠진 채 지지부진한 상태를 견뎌야 했다.

여기서 그녀는 어떻게 했을까? 그녀는 배가 들어오기만을 마냥 기다리고만 있지 않았다. 대신 행동에 나섰다. 그녀는 자신의 회사를 차린 것이다. 그리고 자신이 쓴 모든 곡과 글을 발표했다. 자나는 내게 '꿈이란 목적지가 아니라 방향'이라고 말했다. 이 말은 우리가 꿈을 좇을 용기를 갖도록 이끌어주며 우리가 알아야 할 것을 가르쳐준다.

자나의 이야기를 어떻게 우리의 삶에 적용할 수 있을까?

첫째, 자신이 꿈꾸는 직업을 타협해서는 안 되며 남이 꿈꾸는 자리를 차지해서도 안 된다.

둘째, 그녀는 자신의 두려움보다 꿈을 더 크고, 더 위대하고, 더 강하게 만들었다. 꿈의 크기가 커지고 꿈의 강도가 세지면 방해물은 차츰 사라진다.

셋째, 실망할 수는 있다. 그러나 꿈이 보류 상태에 있는 동안 좌절해서는 안 된다. 좌절은 당신을 그 자리에 멈추게 한다.

넷째, 아무리 많은 방해물과 어려움이 있어도 이것을 뚫고 이겨내리라 결심한다.

다섯째, 우리가 목적에서 벗어났거나 하지 않아야 할 일을 하고 있다면, 신은 우리에게 부드럽지만 점점 더 강한 경고 신호를 보낸다. 자나의 경우에는 자동차 사고였다. 나의 경우에는 파산이었다. 이렇게 끔찍한 경험을 방지하려면 명상을 하고 성찰을 해야 한다. 일기를 쓰면서 "내게 맞는 생계 수단은 무엇인가?"라고 질문해 봐야 한다.

여섯째, 주의를 기울인다. 내면의 소리에 귀를 기울여라. 자동차 대시보드에 빨간불이 켜지면, 주의 깊게 살펴야 한다. 삶에 적신호가 되는 것들을 찾아라.

일곱째, 받아들여지거나 환영받지 못할 수도 있다는 사실을 인정한다. 자나는 내슈빌에 갔지만 그녀가 바라던 사랑과 기대와 환희를 맛보지 못했다. 하지만 그녀는 문제를 해결했다. 당신도 해낼 수 있다. 기억하라. 이것은 인간적인 거절이 아니다. 그러니 창의성을 발휘하고 담대하게 행동하라. 어떤 음반 회사도 그녀를 원치 않을 때 자나는 자신만의 음반 회사를 차렸다.

여기서 중요한 점은 간절히 바라면 언제나 길이 있다는 것이다. 당신의 목표, 꿈, 마음이 원하는 목적지에는 언제나 혁신적인 대안이 있다. 그것을 실현하라.


## 명확함이 곧 힘

≫ 여기서 다루고 싶은 두 번째 개념은 명확함이 곧 힘이라는 것이다. 모든 것이 명확할 때 두려움을 정복할 수 있다. 대부분의 장애물은 실제 경험이라기보다는 마음속의 상상이다.

여러분의 삶에 로켓이 있다고 상상해 보자. 때때로 우리는 자신이 이 로켓 바깥에 있고, 필사적으로 버티고 있다고 느낄 것이다. 물론, 목표는 로켓 안으로 들어가서 생각과 감정을 완전히 통제하면서 편안해지는 것이다. 당신의 이야기가 당신의 삶임을 영혼 깊숙이 느낀다.

이 책에서 다른 사람들의 이야기를 읽으면서, 그들의 이야기에서 당신의 이야기를 찾아라. 그러면 그것이 당신이 삶을 살아가는 방식을 바꾸고 방향을 조종할 것이다.


모르는 것에 대한 두려움이 당신을 막아서도록 내버려두지 말라. 두려움과 장애물을 잘 살핀 다음, 그것들에 대한 인식을 바꾸는 법을 배워라.

TV가 발명되었을 때, 영화 제작자들은 TV가 그들의 사업을 망칠까봐 두려워했다. 하지만 TV는 오히려 도움이 되는 방식으로 영화를 노출시켰고 영화 관객 수는 몇 배나 늘어났다.

VCR이 70년대에 인기를 끌었을 때, 영화 제작사들은 다시 한 번 최악의 상황을 우려했지만, 결국 영화 제작에 대한 자금 지원을 최대로 확대하는 계기가 되었다. 실례로 디즈니의 CEO 마이클 아이스너Michael Eisner는 1년에 5편의 장편영화를 만들던 것을 1년에 55편으로 늘렸다.

두려움이 당신의 앞길에 끼어들었을 때, 이것을 꼼꼼히 잘 살펴라. 그러면 이것이 단지 상상력의 산물이라는 걸 깨달을 것이다.

내가 벅민스터 풀러 박사의 연구 조교로 일할 때, 그는 우리가 비행기를 조종하는 법을 배워서 성장 경험을 극대화하기를 원했다. 버키(박사의 애칭)는 우리에게 비행기의 날개를 느끼고 깊이 감각과 비행기 주변 영역을 느끼며 비상의 기분을 느껴보라고 했다.

8시간의 훈련 후에, 나는 단독 비행을 할 준비가 되었다. 난 약 3,000피트 상공에서 혼자 날고 있었다. 교관이 비행기의 속력을 늦추라고 지시했다. 처음에는 두려움에 떨면서 조종간을 잡았다. 비행기는 밑으로 곤두박질칠 것이 분명했다. 비행기가 걷잡을 수 없이 하강하기 시작했다. 그 찰나의 순간에 조종사의 지침 매뉴얼에 있던 설명이 내 뇌리를 스쳤다.

"속도를 늦춘 상태에서 조종간을 놓으면, 비행기는 자동으로 직진하면서 수평 비행에 들어간다."

비행기는 1,500피트나 하강했는데도 여전히 빠른 속도로 잘못된 방향으로 가고 있었다. 난 조종간을 놓았다. 피가 머리로 쏠리고 아드레날린이 솟구쳤다. 심장이 너무 빠르게 뛰어 몸 밖으로 튀어나올 것 같았다. 그 순간 비행기는 직진하면서 수평 비행 모드로 들어섰다. 교관이 말했다.

"축하해요, 잘했어요. 당신이 여기서 끝이 나는 줄 알았어요."

그 이후, 난 훨씬 훌륭한 학생이 되었고 비행 시뮬레이터를 보는 방법을 배웠다. 모든 민간 조종사는 6개월마다 비행 시뮬레이터에서 테스트를 거치고 훈련과 재교육을 받는다. 그들은 무사고 비행을 위해 모의 비행을 포함하여 훈련하고 또 연습한다. 만약 이 비행 시뮬레이터 테스트에서 실패하여 떨어지면, 자격증은 즉시 박탈된다.

난 하얗게 질린 얼굴로 비행 시뮬레이터에서 나오는 조종사들을 많이 봤다. 팔 아래부터 다리 뒤까지 땀이 뚝뚝 떨어져 신발 안에 땀이 흥건했다. 그들은 올바른 결과를 얻기 위해서는 매번 올바른 방법을 통해 올바른 절차를 완전무결하게 수행해야 한다는 것을 알고 있다.

모의 연습을 실전처럼 제대로 해야 한다. 위급 상황 시 믿을 것이라곤 몸에 제대로 밴 습관밖에 없기 때문이다. 어떤 장애물에 부딪혔을 때, 그 장애물을 뚫고 나가는 자신을 발견하게 될 것이다.

멈추지 마라. 정치가 엘리후 루트Elihu Root는 이렇게 말했다.

"사람은 실패하는 게 아니라 시도를 포기하는 것이다."

보통 잘못된 타이밍에 시작하는 것이 아니라 잘못된 타이밍에 그만두는 것이 실패의 요인이다.

『생각하라, 그러면 부자가 되리라』에서 나폴레옹 힐은 금을 캐는 것을 포기한 채굴자의 이야기를 들려준다. 다음 번 채굴자가 그가 멈췄던 곳을 다시 파기 시작했고, 1미터를 더 파자 역사상 가장 큰 금맥 중 하나를 발견했다.

여러분의 인생에서 가장 가슴 뛰는 아이디어를 생각해냈지만 장애물에 부딪혀 열정을 잃었던 때를 회상해 보라. 혹시 금 찾기를 포기하고 금광에서 걸어 나오지 않았던가?

일생일대의 꿈을 이루기 위해 추진력을 쌓을 때는 무슨 일이 있더라도 마음속 깊이 타오르는 욕망의 불꽃을 간직해야 한다. 당신이 원하는 꿈이 마치 지금 이루어진 듯이 마음속에서 생각하라. 그러면 그 꿈은 반드시 이루어진다.

## 도움 받기

≫ 다음으로 실제 적용할 수 있는 방법은 삶에 희망을 주는 도움을 받으라는 것이다. 내가 파산했을 때 두려움으로 꼼짝할 수도 없었다. 양극성의 법칙에 따르면, "사람은 정지되고 정적이고 억눌리거나 움직이고 역동적이고 생명력이 넘치거나, 둘 중 하나다."

나는 전화가 오면 겁부터 났다. 그것이 빚을 갚으라는 독촉 전화일까 두려웠다. 나의 영적, 정신적, 육체적 시스템이 작동을 멈췄다. 나는 잠으로 도망쳐 다시는 일어나고 싶지 않았다. 기적과도 같이 -지금 생각해보니 진짜 기적이었다- 나는 침대에 누워 캐빗 로버트의 테이프를 듣기로 했다.

캐빗의 에너지가 내 영혼을 일깨웠고, 기운을 북돋아 주었으며, 지친 몸과 마음을 다시 일으켜 세웠다. 그는 새로운 아이디어와 새로운 삶의 에너지를 자극했다. 나는 그 테이프를 287번 들었고 거기서 말하는 메시지를 알아들었다. 그러자 돌연 움직일 수 있었고, 에너지가 넘쳤고, 활동적이 되었다.

그 이후 나도 수백 명의 다른 사람들을 도왔고, 나처럼 아니 나보다 더 잘되도록 빌어주었다. 나는 모든 사람이 그들의 운명을 성취하고, 불가능한 꿈을 이루고, 최고 단계 그 이상을 달성하길 원한다.

나는 좋은 의미에서 오디오 듣기 중독자이다. 나는 만 시간이 넘는 분량의 오디오를 들었다. 너무 들은 내용이 많아 아이디어들이 쏟아져 나올

지경이다. 당신도 그럴 것이다. 이러한 오디오들은 내 두려움을 끊임없이 로켓 연료로 바꿔놓는다.

우리들 각자는 때때로 혼자고 어쩌면 외로울 수도 있다. 용기를 북돋우는 연사들의 말을 듣는 것만으로 영혼의 생기를 되찾고 세상과 삶을 다시 정복할 수 있음을 깨닫게 해준다.

특별해지기 위해선 지속적으로 특별한 조언을 받아야 한다. 몸에도 매일 비타민이 필요한 것처럼, 영혼에도 매일 영양분을 주어야 한다.


### 독립적으로 생각하기

≫ 수십 년 전(코로나바이러스 때문에 진짜 부족 사태가 일어나기 전), TV 토크쇼 진행자 조니 카슨Johnny Carson은 어느 날 화장지가 부족하다고 말했다. 사람들은 이 농담을 믿었고 실제로 화장지 부족 사태가 발생했다. 하루 만에 마켓에 화장지가 동이 났다. 사람들은 화장지를 사재기하고 차고에 화장지를 꽉꽉 채워 넣었다.

우리는 이래서는 안 된다. 이제 독립적으로 생각하자. 자신의 판단을 믿고, 집단 사고와 부정적인 선전 매체에 중독되는 것을 피하라.

두려움은 사람들의 잠재력을 완전히 차단하고, 시간이 지나면 집착으로 변한다. 그러나 당신은 두려움을 극복하고 두려움을 사라지게 할 힘을 가지고 있다.

양극성의 법칙은 삶의 균형이 중요하다고 가르친다. 이중성, 흑과 백, 오목과 볼록, 안과 밖, 엔트로피entropy 와 신트로피syntrophy. 두려움이 우리를 움직이지 못하게 하면 반대 극성- 행동 -이 우리를 움직이게 한다. 행동을 취하면 두려움이 사라진다.

우리는 더 큰 선을 품을 수 있기에 더 큰 선을 누릴 권리가 있다. 두려움과 고통은 우리가 우리 자신에게 강요하지 않는 한 결코 강요될 수 없다. 기쁨도 마찬가지이다. 정신은 우리가 우리 자신에게 허락하지 않은 선물을 우리에게 주지 않는다.


우리의 신념 체계는 우리가 받을 수 있는 것의 범위 또는 한계를 정한다. 무한대 원칙이라 우리가 상상하는 만큼 적게 또는 많이 가질 수 있다. 흥미롭게도 우리는 각자 모양을 만들고, 바꾸고, 변형할 수 있는 신념 체계를 가지고 있다.

1954년 이전에는 달리기 선수들이 1마일을 4분 안에 달리는 것(포미닛마일)을 불가능하다고 생각했다. 4분 이내에 달리면 심장이 가슴 밖으로 튀어나올 거라 생각했다.

영국인 의사인 로저 배니스터Roger Bannister는 이것을 믿지 않았다. 그해에 로저는 사상 최초로 1마일을 3분 59초에 돌파했다. 세계는 그의 신기록 돌파에 환호하고 열광했다. 그런데 여기 또 하나 재미있는 사실이 있다. 이 기록은 한 달 만에 깨졌다. 그리고 1년 사이에 19명이 1마일을 4분 내로 주파했다. 배니스터 박사의 업적은 우리 각자가 한계를 넘어 더 큰 일을 시도할 수 있도록 용기를 불어넣어줬다. 왜냐하면 그것은 계속해서 세계의 관점을 바꿀 수 있기 때문이다.

자신이 원하는 것을 명확하게 알고 그것을 얻기 위해 노력할 때, 우리는 그렇게 될 것이다. 우리들 각자는 무한한 것에 대해 확신을 가져야 한다. 내 경우에, 2030년까지 10억 권의 책을 파는 최초의 자기계발 실천 작가가 되고 싶다. 난 이것을 완벽한 2030 비전이라 부른다.

이 계획을 구상하긴 했지만, 아직 어떻게 해야 할지에 대해서는 나도 잘 모른다. 당신이 나에게 그 방법을 알려주었으면 한다.

자신의 목표에 대해 얘기할 때, 따를 수 있는 두 가지 이론이 있다. 아무에게도 목표를 말하지 않거나-그러면 그 누구도 당신에게 실천을 요구하지 않는다-모든 사람에게 목표를 말하는 것이다. 그러면 그들은 당신을 응원하거나 비웃을 것이다. 공포가 당신을 무력하게 하거나 짓누르거나 제한하게 하지 말라. 사람들에게 당신이 어디에 서 있는지, 어디에 서고 싶은지 알리고, 자신의 한계를 지구 끝까지 밀어붙여라. 궁극적으로 받게 될 응답과 지원에 놀라게 될 것이다.

덴마크의 철학자 쇠렌 키르케고르Søren Kierkegaard는 "위대한 몽상가들의 꿈은 결코 충족되지 않는다. 그것은 늘 꿈을 초월한다."라고 했다.

난 당신이 멋진 목표를 가지고 그것을 초월하길 바란다. 같은 생각을 하고, 의욕이 넘치고, 에너지가 넘치는 사람들과 생각을 나눌 때, 기적이 일어난다. 꿈의 크기가 무적의 팀과 합쳐져 원대한 계획을 이루어줄 것이다.

당신만의 '포미닛마일'이 있는가? 당신은 어떤 기록을 깨서 타인의 귀

감이 될 수 있을까? 당신에게는 하나의 관건, 하나의 문제, 하나의 꿈, 하나의 위대하고 고무적인 가능성이 있다. 그것은 오로지 당신만의 것이다. 그리고 오직 당신만이 우리 모두를 위해 할 수 있다.

당신에게는 일생의 임무가 있다. 그것은 DNA와 RNA 수준에서 당신 안에 암호화되어 있다. 스스로를 돌아보면, 그것을 발견하게 될 것이다.

우리가 쓴 모든 책은 자선과 결부돼 있다. 예를 들어,『영혼의 닭고기 수프 요리책The Chicken Soup for the Soul Cookbook』의 경우, 처음 닭고기 수프 개념을 고안했고, 이후 이것을 요리책으로 바꾸었다. 우리가 이것으로 어떻게 대중을 도울 수 있을까? 다시 말해, 우리는 어떤 파급 효과를 낳을 수 있을까?

어느 추수감사절 날, 우리는 워런 커리Warren Curry와 함께 일하고 있었다. 그는 LA 스키드 로에서 크리스천 홈리스 보호소Union Rescue Mission를 운영하고 있었다. 워런의 에너지는 순수하고 진실하다. 다정하고, 유용하며, 효과적이다. 그는 남자의 몸을 한 테레사 수녀였다. 그는 하루에 4,000명의 사람들에게 음식을 무료로 나눠주고, 밤에는 1,000명의 사람들에게 잠자리를 제공했다.

워런은 거리에서 한 젊은 여성을 만났다. 워런이 그녀에게 말을 걸었고 대화를 하면서 그녀가 좋은 교육을 받았고 교양 있게 말한다고 생각했다. 그는 그녀가 부유한 지역인 미시건 주 그로스포인트 출신이라는 것을 알아냈다. 그녀는 바람을 피웠고 그 사실이 너무 부끄러워서 가족을 떠나

LA로 도망쳐 와 노숙자가 되었다. 워런은 그녀가 두려움을 극복할 수 있도록 도왔다. 그녀를 깨끗하게 씻게 하고 그녀의 가족에게 전화를 걸었다. 그녀는 자신을 용서했고, 친척들도 그녀를 용서했다. 그리고 그들은 즉각적으로 반응했다. 우리가 칠면조 데이 행사에서 만 명이나 되는 사람들에게 음식을 나눠주고 있을 때 그녀의 친척이 나타나 그녀를 집으로 데려갔다. 주위 사람들은 그녀와 그녀의 가족을 위해 함께 환호하고 축하했다. 한 가지 행동이 야기한 파급 효과가 얼마나 큰지 생각해보라.

### 역경에 굴복하지 않기

≫ 나는 그 어떤 장애물도 당신의 꿈을 포기하게 할 만큼 강력하다고 생각하지 않는다.

오그 만디노Og Mandino가 다섯 살이었을 때, 그의 어머니는 그가 훌륭한 작가가 될 것이라고 말했다. 2차 세계대전에 참전했었던 그는 자신의 글재주를 팔려고 노력했지만, 전혀 성공하지 못했다. 상황은 더 나빠지기만 했다. 가족도 사업도 산산조각이 나고 말았다. 그의 말에 따르면 그는 쓸모없는 알코올 중독자가 되었다. 그는 모든 것을 끝내고 싶었지만 총을 살 용기도 없었다.

추운 뉴햄프셔의 겨울, 뼛속까지 얼어붙은 오그는 따뜻함을 찾아 도서관에 갔다. 그는 어디에도 속하지 못한다는 좌절감에 절망적인 기분으로 테이블에 앉아 있었다.

그때 W. 클레멘트 스톤W. Clement Stone이 쓴 『절대 실패하지 않는 성공 시스템Success System That Never Fails』이라는 책이 말 그대로 그의 앞에 떨어졌다. 작가는 세계에서 가장 부유하고 가장 박애주의적인 사람 중 한 명이었다. 오그는 그 책을 읽고 믿었다. 그리고 스톤을 위해 일해야겠다고 결심했다. 그는 그 길로 시카고로 가, 취직을 해서 훈련을 받았다. 그리고 판매원으로서 큰 성공을 거두었다.

그다음은 어떻게 됐을까? 결국 오그는 『석세스 매거진Success Maga-zine』의 편집장으로 승진했다. 편집장으로 일하는 동안 가끔 그 잡지에 짧은 글을 쓰곤 했다. 그런데 프레더릭 펠 출판사Frederick Fell Publishers의 사장이 치과 대기실에 앉아 기다리다가 무심코 『석세스 매거진』을 집어 들었고 오그가 쓴 글 중 하나를 읽었다. 사장은 오그의 글이 너무 마음에 들었다. 그는 오그에게 연락했고, 책을 써 볼 의향이 없냐고 물었다.

이것이 오그가 수백만 권이 팔린 베스트셀러 『세계에서 가장 위대한 세일즈맨The Greatest Salesman in the World』을 쓰게 된 경위이다.

오그의 사례를 보면 올바른 방향의 행동이 궁극적으로 어떻게 큰 보상을 받는지 알 수 있다. 보상을 받으려면 당연히 시간이 걸린다. 그러나 이 파급 효과는 한번 시작 되면 절대 멈추지 않는다.

### 초반 연료 연소의 법칙

≫ 성공하려면 먼저 희생해야 할까? 답은 '그렇다'이다. 어딘가에서 누군가는 당신의 결심을 증명해 보이길 원한다. 받기 전에 먼저 베풀

어야 하고, 줄 때 크게 베풀어야 한다. 한 번만 내 말을 믿어보라. 크게 되돌려 받을 것이다.

동기부여 강연을 하는 짐 론Jim Rohn은 '잠을 안 잔다고 해서 아무도 때리지 않는다.'며 농담처럼 말한다. 물론 그렇게 열심히 일하지 않아도 되지만, 그래도 역시 열심히 일하는 것이 좋다. 어느 정도는 균형을 되찾기 위해서는 균형을 잃어야 한다.

비행기가 활주로에서 뜨는 데만 전체 연료의 60퍼센트가 소모된다. 일단 비행 모드에 들어가면, 잠시 뒤로 물러나 순항을 즐기면 된다. 우리의 삶도 이와 똑같은 원칙을 따른다. 순항 고도에 도달하기 위해서는 초반에 연료를 태워야 한다. 전반부에 정말 열심히, 그리고 오래 노력해야 한다. 그래야 후반부에서는 조금 일해도 많은 것을 얻을 수 있다.

가끔은 어떤 것에 깊이 파고들어가 많은 것을 희생해야 할 때가 있다. 그래야 의식 수준이 열리고, 당신에게 있는 줄도 몰랐던 재능과 리소스가 확장된다. 나중에 얼마나 멋진 비행이 될지 기대되지 않는가!


다시 한 번 말하건대, 모든 사람이 때때로 두려움을 느낀다는 걸 이해해야 한다. 두려움의 실체를 파악하고 이것을 빨리 안전하고 만족스럽게 로켓 연료로 바꾸어라. 여기서 필요한 것은 단지 올바른 결과를 얻기 위한 올바른 사고, 올바른 말, 올바른 행동, 올바른 일이다. 바로 여기, 바로 지금부터 말이다. 올바른 사고는 두려움을 사라지게 하고, 올바른 말은 두려움의 존재를 깨부수며, 올바른 행동은 두려움을 소멸시킨다.

# 큰 꿈을 가져라

내 파트너 잭 캔필드Jack Canfield는 자존감의 대가이다.

그는 삶의 포커칩 이론을 창안했다. 이론은 간단하다. 인생이라는 게임에서 당신이 포커칩 10개를, 내가 100개를 가지고 있다고 가정하면, 누가 더 많은 돈을 걸고 더 편안하게 내기를 할까? 당연히 100개의 포커칩을 가지고 있는 사람이 더 많은 내기를 하고, 더 적게 잃을 것이다.

따라서 포커칩을 많이 가진 사람일수록 가장 크게 걸 수 있고 가장 많이 이길 수 있는 가능성이 있다.

당신의 인생에서 포커칩은 당신의 자존감, 생각의 크기, 꿈을 실현하는 능력에 대한 믿음이다. 그 주도권은 당신이 쥐고 있다. 당신의 자존감과 그에 따른 성공은 전적으로 당신이 스스로를 마스터 피스로 만들기 위해 얼마나 많은 노력을 하느냐에 달려 있다.

한 단계 더 나가 보자. 영화 「제리 맥과이어Jerry Maguire」에서 축구 스타를 연기한 쿠바 구딩 주니어Cuba Gooding Jr.는 에이전트인 제리에게 "돈을 보여줘Show me the money."라고 말한다. 생각이 크지 않은 사람들은 이렇게 말한다. "보여주면 믿을게." 하지만 크게 생각하는 사람들은 "믿으면 보일 거야."라고 생각한다.

인생의 진정한 포커칩은 바로 신념 체계다. 당신은 자신이 생각하고 믿는 것을 얻을 수 있다.

## 101개의 목표 쓰기

≫ 이 장을 마크 빅터 한센의 챌린지로 시작해보겠다. 바로 "20분 안에 101개의 목표 적기"이다. 당신에게 아무런 목표가 없다면, 당신의 목표는 목표를 세우는 것이고, 지금 한번 해보는 것이다.

심리학자인 에릭 에릭슨Erik Erikson은 이렇게 조언했다. "예를 들어, '오늘 내 목표를 20분 안에 쓸 수 있다.'와 같이 생각으로 명령을 내린다. 그러면 잠재의식이 어떻게 해야 할지 방법을 알아낸다."

당신의 삶, 또는 더 중요하게는, 당신 자녀의 삶이 이 과제의 완수에 달려 있는 것처럼 행동하라. 왜냐하면 실제로 그렇기 때문이다. 목표를 세우는 것이 목표를 달성하는 것이다.

조금 겁이 날 수도 있겠지만 그렇다고 그만두거나 해서는 안 된다. 즐겁게 해보라. 마치 열두 살 아이가 된 것처럼. 그때 우리는 자립적이고 창의적이며 무적이었다. 열두 살의 아이는 자신이 무엇이든 할 수 있다고 생각한다.

내 열두 살 난 딸의 첫 번째 목표는 아라비아 말[馬]이었다. 아이는 이 말을 얻었고 스타맨이라고 이름 지어 주었다. 어떻게 그렇게 했을까?

우리 집엔 유기농 매실나무가 있었다. 어느 날 밤, 딸아이는 자신의 목표를 적었다. 내가 퇴근해 집에 돌아왔을 때, 아이는 앞마당에 커다란 표지판을 걸어놓고 있었다. 표지판에는 "아주 싼 매실: 한 봉지에 1달러"라고 쓰여 있었다.

내가 "리지, 사업 잘돼?"라고 물었다. 아이는 "아빠, 시간당 42달러를 벌고 있어요."라고 대답했다. 그녀에게 목표가 없었다면 그렇게 할 수 없었을 것이다. 순진무구하고 현실 따위는 무시하는 배포가 너무 당차지 않은가?

목표를 적을 때는 그것을 판단하거나 되돌아가 읽지 마라. 나중에 지적할 시간도 충분하다. 크든 작든 마음속에 떠오른 아이디어를 모두 적는다. 중요하든 사소하든, 유형이든 무형이든 개의치 말라. 자신이 되고 싶은 유형의 사람, 발견하기를 원하는 재능, 그리고 자신 안에서 어떻게 성장하기를 원하는지에 대한 목표를 포함시켜라.

당신이 그 어떤 원대한 꿈을 꾸든 하나님은 이미 당신에게 그것을 성취할 수 있는 도구를 주었다는 것을 내가 장담할 수 있다. 하지만 꿈을 성취하기 위해서는, 먼저 그것을 믿어야 한다.

이제 책을 내려놓고 종이를 꺼낸다. 일기장도 좋고 컴퓨터도 괜찮다. 그 위에 목표를 써 내려간다. 101개의 목표를 다 쓰기 전까지 절대 위로 돌아가선 안 된다. 그리고 반드시 20분 안에 다 써야 한다. 그리고 두 살인 척한다.

그리고 보너스 아이디어가 하나 더 있다. 약 1분 동안 두 손을 격렬하게 비빈다. 그런 다음 두 손을 3센티미터 간격으로 벌려 힘차고 강렬하게 움직이는 에너지를 느껴본다. 그다음에, 두 손을 벌리고 앞에 핼러윈 바디 마스크가 있다고 생각하고 거기에 지혜를 불어넣는다. 그런 다음 위로 올려 머리부터 쓴 다음 발끝까지 내려놓는다.

나는 당신이 지혜롭길 원한다. 솔로몬에게 지혜가 충분히 있다면, 당신에게도 충분한 지혜가 있다. 101가지 목표 중에 지혜를 포함시켜라.

기억해야 할 것은 지금 대리석에 목표를 쓰고 있는 것이 아니다. 목표를 지우개로 지우거나 펜으로 쓱쓱 긋고 다시 쓸 수 있다. 당신이 각각의 목표를 성취했을 때, 그 옆에 보라색으로 '승리'라고 썼으면 좋겠다.

보라색은 전자기 스펙트럼에서 에너지가 가장 높은 색이다.


## 목표의 우선순위 정하기

≫ 101개의 목표를 다 적었으면 이제 이들 목표의 우선순위를 정하고 그 옆에 날짜를 적는다. 목표는 꿈과 같은 개념이지만, 마감일이 있다는 것을 기억한다. "그게 소용이 없으면 어쩌죠?"라고 묻는다면 난 이렇게 답하겠다. "만약 그게 소용이 있다면?"


당신은 벌써 101개의 목표를 가졌다. 심지어 지금도 "준비 땅!" 하고 시작하자마자 이미 새로운 결과, 새로운 인간관계, 새로운 자랑할 권리를 가졌다. 언제 이 꿈들이 실현되기 원하는지 가늠해보라. 아마 이것이 가장 즐거운 부분이 될 것이다.

우선순위를 결정하는 데 도움이 되는 간편한 도구가 있다. 우선 목록을 쓱 훑어보고 A, B, C로 표시한다. 그런 다음 이것을 다시 A1, A2, B1, B2, C1, C2, C3로 나눈다.

그런 다음 테니스 경기처럼 여러 팀이 큰 트로피를 놓고 경쟁할 때마다 보았던 토너먼트 대진표를 그린다. 모든 참가자가 왼쪽부터 시작하고, 한 팀이 마지막 승리할 때까지 게임별로 팀들이 겨룬다.

가장 앞으로 나오는 두 개의 목표가 남을 때까지 목표를 하나씩 지운다. 그럼 이제 예를 들어, 마지막 두 가지 목표는 새집을 갖는 것과 매년 40만 달러를 버는 것이라고 가정해보자. 만약 당신이 연간 40만 달러를 벌고 있다면, 당신은 당신이 꿈꾸던 집을 쉽게 구할 수 있을 것이고, 그러면 돈이 그 대진표에서 이기는 것이다.

당신의 목표 사본을 내게 보내주면 1년 후 여러분에게 다시 보내 주겠다. 그 목표 중 10개가 첫 주에, 그리고 60~70퍼센트가 첫 해에 사실상 성취되었다는 사실에 당신은 깜짝 놀랄 것이다.


고든 드라이든Gordon Dryden 과 재닛 보스Jeannette Vos 는 『학습 혁명 The Learning Revolution 』에서 혁명적인 속도로 학습하는 여러 방법을 소개했다. 빨리 배우는 한 가지 방법은 음악을 배경에 틀어놓는 것이다.

조용한 분위기를 조성하려면 엔냐Enya 의 「워터마크Watermark 」와 같은 편안한 음악을 추천한다. 하지만 목표를 세우고 있다면, 반젤리스 Vangelis 의 「불의 전차Chariots of Fire 」와 같은 음악을 튼다. 시각화를 하고 있다면, 파헬벨Pachelbel 의 「캐논 D 장조」를 듣는다. 작가들은 폴 로이드 워너Paul Lloyd Warner 의 「워터폴Waterfalls 」, 마이클 존스Michael Jones 의 「선셋Sunset 」, 조지 윈스턴George Winston 의 「12월December 」을 추천했다.

재닛 보스는 또한 음악으로 학습을 가속화하는 방법에 대한 오디오를 내기도 했다. 그녀는 음악이 차분함과 자극을 동시에 주기 때문에, 기분에 영향을 미치는 가장 빠른 방법 중 하나라고 말한다.

이 방법을 왜 학습에 사용하지 않는가? 연애할 때만이 아니고 인생에서도 사용하지 못할 게 뭔가? 이것을 왜 저녁 식탁에서 사용하지 않는가? 왜 이것을 모든 곳에 사용하지 않는가?

## 계획 세우기

≫ 이제 계획을 세울 차례다. 앞에서 말했듯이, 목표는 마감일이 있는 꿈이다. 목표가 정해진 후 당신의 마음은 계획을 세움으로써 자동으로 목표를 달성하기 시작한다. 잠재의식이 그 방법을 알아내므로, 이에 대해서는 걱정하지 않아도 된다.

잭 캔필드와 내가 어떻게 『영혼을 위한 닭고기 수프』의 계획을 세웠는지 궁금하지 않은가?

이것은 결국 전체적인 사업 계획이 되었지만, 처음은 이렇게 시작되었다. 우리는 1년 반 동안 150만 부를 어떻게 판매할지에 대한 아이디어를 1,094개의 포스트잇에 적었다. 그리고 이 포스트잇을 우리 얼굴 바로 앞에 있는 벽에 붙였다. 앞에서 말했듯이 우리는 이들 목표에 우선순위를 매겼다. 1년 반 후에, 어떻게 되었을까?

이 책은 130만 부가 팔려나갔다. 그러나 확실하고 긍정적이며 구체적인 목표가 없었다면, 우리는 결코 이것을 해내지 못했을 것이다. 목표는 글로 써야 하고, 측정할 수 있어야 한다.

우리가 그 작은 포스트잇을 썼을 때 그건 정말 터무니없는 아이디어들이었다. 그중 하나는, 100명의 친구에게 『영혼을 위한 닭고기 수프』 100권을 사서 그냥 주위 사람들에게 공짜로 나눠주라고 부탁하는 것이었다. 그런데 이게 먹혔다. 『지금 당장 손에 넣어라Double Your Income Doing What You Love』를 쓴 내 친구 레이먼드 아론Raymond Aaron은 정말 700권을 사서 그의 고객들에게 한 권씩 나눠 주었다.

우리 책은 입소문을 타고 팔리기 시작했다. 책 한 권의 회독률이 5니까, 한 명의 독자가 5권의 판매고를 올리는 셈이다. 우리는 코카콜라, 캠벨 수프와의 협업을 원했는데, 그게 또 이루어졌다. 자체적인 TV쇼도 가졌으면 했는데, 폭스 TV에서 TV쇼 자리 하나를 내주었다. 모든 것이 계획적으로 진행되었을 뿐만 아니라 세운 목표들이 모두 그 이상으로 실현되었다.

당신도 마찬가지다. 당신의 목표를 글로 적어라. 성경에 이르기를 "네가 무엇을 결정하면 이루어질 것이다(욥기 22:28)"라고 했다. 그것은 절대적 확신을 의미한다. 생각을 글로 쓰는 순간 당신은 절대적인 확신을 갖게 된다. 종이나 컴퓨터에 목표를 글로 적음으로써 지금 여기서 미래에 알리는 것이다.

시간의 틀에 유연하게 대처하라. 당신은 101개의 목표를 정했다. 어떤 것은 쉽고 어떤 것은 어렵다. 어떤 것은 지금 당장 성취하기에는 더 많은 준비가 필요하다. 어떤 것은 시간이 걸린다. 믿음을 잃지 마라.

고인이 된 전도사, 로버트 슐러Robert Schuller는 "하나님이 지체하심은 거절을 의미하는 것이 아니다."라고 말하곤 했다. 사람들은 우리의 목표가 비현실적이라고 말할지 모르지만, 알고 보면 모든 것이 비현실적이다. 자동차, 전화, 비행기, 무선 통신, 컴퓨터도 한때는 비현실적인 것이었다. 실현되기 전까지 현실적인 것은 없다.

내가 만났던 사람 중 목표 설정의 달인 두 사람은 조지 카George Karr 와 밥 바스Bob Barth다. 이 둘은 필라델피아 지사에서 에쿼터블 어드바이저스Equitable Advisors 생명보험 영업을 책임지고 있었다. 조지와 밥은 각자 책상 정중앙에 놓인 아크릴 블록에 월간 개인 목표와 기업 목표를 크고 뚜렷하게 적어 두었다.

같은 방식으로, 세계 최고의 보험 세일즈맨이었던 고 벤 펠드먼Ben Feldman은 뉴욕생명보험사로 문의가 오는 보험의 약 3분의 2를 혼자서 팔아치웠다. 매일 밤 벤은 다음 날 보험을 팔려는 고객 10명의 이름을 적었다. 또한, 각 고객에게 판매할 금액도 적었다. 왜 그랬을까?

그는 잠재의식이 절대 잠들지 않는다는 사실과 생각의 투영이 이미 현재를 앞질러 가 그를 대신해 이미 판매하고 있다는 사실을 알았기 때문이다. 그가 말하기를, 그가 한 일이라고는 사람들을 만나 계약을 마무리 짓는 것뿐이었다.

벤은 한두 명 정도는 고객을 놓치는 경우도 있었지만 언제나 정해놓은 금액보다 많이 팔았다. 벤은 말 그대로 슈퍼스타였다. 1년 동안 1,800개의 생명 보험회사 중 1,500개 회사가 판 보험보다 더 많이 팔았다. 『포춘』지가 그를 세계 최고의 세일즈맨으로 표지에 실은 것도 이 때문이다.

어느 날 점심 식사 때, 벤은 나에게 사람은 250일을 일하고 하루에 400달러를 벌면 일 년에 10만 달러를 벌 수 있다고 말했다. 250일 동안 일해서 1년에 100만 달러를 버는 사람은 하루에 4,000달러를 번다. 0 하나만 더 붙이면 수입이 6자리에서 7자리로 바뀐다. 나쁘지 않은 장사다. 그렇지 않은가? 한번 생각해보라. 0이 하나만 더 있으면 당신은 일 년에 100만 달러를 벌 수 있는 사람이 되는 거다.

억만장자이자 자선가, 재계 거물인 W. 클레멘트 스톤은 이렇게 말한다.

"당신은 자신이 1년에 얼마나 벌 수 있는지 계산한다. 예를 들어, 10만 달러라고 가정해 보자. 1년에 10만 달러 버는 법을 알면 이 기간을 한 달로 줄인다. 이제 당신은 한 달에 10만 달러를 번다. 이것을 1주일로 줄이면, 1주일에 10만 달러를 버는 거다. 이제 하루로 압축하면 하루에 10만 달러를 벌 수 있다. 그런 다음 한 시간에 10만 달러, 또 1분에 10만 달러를 버는 방법을 생각해낸다."

## 확신 갖기

≫ 분명히 벤 펠드먼, 빌 게이츠, 마이클 델, 마이클 아이스너, 스티븐 스필버그와 같은 사람들은 모두 이렇게 했다. 비밀은 여기에 있다. 그들이 할 수 있다면, 여러분도 할 수 있다. 그들이 목표를 세우고 그것을 얻었으니 당신도 목표를 세우고 그것을 얻을 수 있다.

내가 지금 얻은 것 중 많은 목표가 그것을 적었을 때는 불가능해 보였다. 만약 그것이 당신의 목표가 된다면, 당신은 그것을 할 수 있다. 당신이 속한 업계 또는 직종에서 누군가가 이것을 성공했다면, 이것은 할 수 있는 일이며 따라 할 수 있는 것이다. 아직 시도되지 않은 것이라면 이미 시도된 유사한 업종을 찾아보라. 그런 다음 실행 가능한 것을 수정하고 다듬고 적용하여 당신에게 적합하게 만들면 된다.

평범함에서 비범함으로 전환하려면 긍정적인 사고방식을 가져야 한다. 당신은 얼마든지 위대함과 성공을 얻어도 된다. 당신의 의무는 그것을 받아들이고, 연습하고, 믿고, 성취하는 것이다. 또한, 매일 스스로 "나는 성공과 성취를 누릴 권리가 있다."라고 확언한다.


사실, 보너스 아이디어가 하나 더 있다. 오늘 밤 잠자리에 들 때, 이렇게 말하라.

"나는 성공과 성취를 누릴 자격이 있다. 나는 성공과 성취를 누릴 자격이 있다."

만약 당신이 이것을 수백 번 말한다면, 머지않아 이것이 뇌에 낙인찍

히고, DNA에 아로새겨지고, 자신에 대한 진리로서 당신의 것이 될 것이다. 당신은 위대해질 자격이 있다. 이것이 당신에 대한, 그리고 당신을 위한 진리가 될 때까지 이것을 당신의 주문으로 삼아라.

당신이 아직 백만장자가 아니라면, 난 당신이 백만장자가 되기를 바란다. 그렇게 되려면 우선 백만장자의 사고방식을 함양하는 것이 필요하다. 이것을 하는 가장 빠르고 쉬운 방법은 7x12센티미터 크기 카드에 "나는 XX년 12월 31일까지 백만장자가 될 것이다!"라고 쓰는 것이다.

기한은 5년이 넘어가면 안 된다. 진실한 마음과 믿음을 가지고 하루에 네 번, 이 확언을 소리 내어 읽는다. 그러면 당신의 잠재의식은 점차 그것을 믿게 되고 궁극적으로 이루게 된다. 이러한 방법은 어쩌면 단순해 보이고 어리석어 보이기까지 한다. 하지만 꾸준히, 그리고 끈질기게 어떤 것에 대해 생각할 때, 그 일은 반드시 일어난다. 부자가 되어보지 않겠는가?

그러면 언제 이 확언을 읽어야 할까? 아침, 점심, 저녁, 그리고 잠자기 전, 이렇게 하루에 네 번을 읽는다. 여러분의 잠재의식은 결코 잠들지 않는다. 만약 여러분이 "나는 백만장자가 되기 위해 예정대로 움직이고 있다."라고 말한다면, 860억 개의 뇌세포는 그 아이디어를 깨우기 시작하고 표출하게 된다.


처음에 여러분은 이 아이디어를 거절하고 "이건 내가 들어본 것 중에 가장 멍청한 짓이야."라고 말할지도 모른다. 하지만 밑져야 본전이다. 그냥 해보는 거다. 일단 21일에서 30일 정도 해보고 효과가 나타나는지 지켜보라. 당신은 기쁨에 들뜨고 놀라며 경건한 마음으로 감사하게 될 것이다.

당신은 지금까지 왜 아무도 이런 것을 더 빨리 알려주지 않았을까 궁금해 할 것이다. 어떤 일을 하기에 결코 늦은 시간은 없다. 67세의 나이에, 모세 할머니는 그림에 눈을 떠 101세의 나이로 사망할 때까지 그림을 그렸다. 그녀가 일곱 살 또는 열일곱 살에 시작했었더라면 어떠했을지 상상해보라.

### 시간 끌지 않기

≫ 꾸물대지 말자. 당신의 영혼에 큰 욕망을 심어라. 큰 욕망은 당신의 마음과 영혼을 불타오르게 한다. 꿈, 야망, 드림팀, 멋진 강의, 책, 오디오, 비디오, 스토리가 그 불길을 부채질한다. 당신은 자신이 쓸모 있게 쓰이고 변화를 일으키기 위해 여기 있다는 사실을 알게 될 것이다.

일단 큰 욕망을 갖게 되면, 당신은 장애물이나 우회로, 샛길 등을 만나게 것이다. 하지만 이걸 알아야 한다. 당신 외에는 그 무엇, 그 누구도 당신을 막을 수 없다는 것을.

보통 사람들은 쉽게 흥분하고 격정적으로 자신의 아이디어를 확장하지만, 그러다 쉽게 흐지부지 포기한다. 여기저기 들쑤시고 어떻게 더 크게 만들지 전전긍긍하다가 이내 온갖 핑계들을 떠올린다.

"아냐, 난 할 수 없어. 그건 이미 끝났어. 빌 게이츠나 다른 거물들과 어떻게 경쟁할 건데?"

친구여, 이건 종말의 시작이며, 자기 패배적 행동이다. 꿈 파괴자들, 특히 당신의 머릿속에 있는 파괴자들의 말을 들어서는 안 된다.

세상에는 두 가지 수준의 장애물이 있다. 하나는 정신적 장애물이고 다른 하나는 현실적 장애물이다. 정신적 장애물은 당신이 스스로에게 가하는 장애물이다. 언젠가 만난 한 남자는 내게 이렇게 말했다.

"난 내 일이 정말 싫어요. 하지만 8년 안에 은퇴해서 자유로워질 거예요."

놀랍지 않은가? 이것이 바로 내가 정신적 장애물이라고 부르는 것이다. 나는 내가 싫어하는 일을 8년은커녕, 8초도 하고 싶지 않다. 내가 싫어하는 곳에서 일하는 모습을 상상도 할 수 없다. 이것은 또 하나의 파괴적 행동이다.

진짜 장애물은 당신이 직장에 다닐 때 나타난다. 사람, 돈, 리소스, 재능, 클라이언트, 고객 등 온갖 종류의 것들이 때때로 내게 불리하게 작용한다. 현실을 직시하자. 지구상에서 당신에게 주어진 시간은 한정되어 있다. 정신적 장애물이든 현실적 장애물이든 상관없다.

다른 때가 아닌 지금이 바로 목표를 세우고, 큰 사고를 계획하고, 자신이 할 수 있다고 생각했던 것보다 더 크게 살 때이다.

역사를 통틀어, 마인드 파워를 이롭게 활용한 사람들만이 얻은 것을 지킬 수 있었다. 예수 그리스도를 보라. 예수는 생전에 얻은 것이라곤 거의 없었지만, 그의 말들로 인해 지난 20세기 동안 무슨 일이 일어났는지 보라. 생각의 크기가 결과의 크기를 결정한다.

## 성공적으로 실패하는 법 터득하기

》 연구에 따르면 당신은 성공적인 실패자가 될 수 있다. 그렇게 되기는 어렵지 않다. 남의 뒷말을 하고 다른 사람을 비웃고 다니면 된다. 날씨가 나쁘다는 둥, 정치 때문에 되는 일이 없다는 둥 말도 안 되는 것들에 대해 투덜대면 된다. "부모만 아니었다면, 상사만 아니었다면, 배우자만 아니었다면, 난 할 수 있었어."라며 누구든 비난 대상을 잡아 불평하면 된다.

이게 맞는 걸까? 절대 아니다. 누구나 변명거리는 많다. 그러나 우리는 변명을 하거나 결과를 얻거나, 둘 중 하나를 선택해야 한다. 크게 생각하고 큰 결과를 얻는 게 낫지 않은가?

불만을 품으면서 교묘하게 핑계를 댈 수 있지만, 이것은 가장 파괴적인 행동이다. 당신은 또한 비전보다는 부족함만을 상상하면서 핑계를 댈 수도 있다. 당신은 자신이 빨려 들어갈 정도의 크고 강렬한 비전을 가져야 한다. 당신이 비전을 가지면, 비전도 당신을 흡수한다.


또 다른 의미의 핑계는 부족한 자기애를 다른 사람에게 투영하는 것이다. 우리는 건강한 자존감을 가져야 한다. 그러기 위해선 다음과 같이 스스로 확언해야 한다.

"나는 나 자신을 긍정적이고 올바르게 사랑한다. 나는 앞으로 나아가 성공한다."

부정적인 정신적 습관을 21일 동안 멈추면, 당신은 큰 승자가 된다.

### 건강하게 생각하기

≫ 인생이라는 무대에서 당신은 당신이 주인공인 드라마의 관객이기도 하다. 다른 사람의 조언을 들을 수도 있지만, 결국 결정을 내리는 사람은 당신 자신이다. 담대하게 꿈을 좇아 그 꿈에 몰입하면 그 꿈을 달성할 수 있는 용기와 호기가 생길 것이다.

세상은 창조할 수 있는 사람을 존중한다. 어떤 것을 창조하기 위해서는 먼저 꿈을 꿔야 한다는 사실을 기억하라. 꿈을 이루기 위해서는 꿈이 있어야 한다. 꿈은 현실의 세계를 창조한다.

이 장도 처음에는 단지 꿈에 지나지 않았다. 당신이 지금 읽고 있는 이 단어들은 처음에는 그저 내 머릿속에만 있었다. 컴퓨터와 펜과 종이를 사용하여 내 생각과 아이디어, 희망과 꿈, 열망을 적은 것이다. (사실 이 필기구들도 한때 다른 누군가의 꿈이었다. 이 도구들이 만들어지고 지속적으로 사용되어 또 다른 사람들의 꿈을 실현하게 만드는 것을 돕고 있다.) 마찬가지로 나 역시 당신이 꿈을 이루도록 도울 수 있다. 그래서 당신도 다른 사람이 꿈을 실현하도록 도울 수 있게 된다.

꿈꿔라. 당신의 꿈은 전 세계를 바꿀 수 있다.

이제 당신의 생각이 당신의 존재를 바꿀 수 있다는 것을 이해하는가? 그렇기 때문에 건강한 생각을 해야 한다. 건강한 아이디어를 찾고 당신을 건강하게 만드는 방법을 배워라.

대부분의 사람은 건강하게 생각하는 방법을 모른다. 하루에 50번씩 스스로에게 되뇌어라.

"난 건강해. 난 건강해. 난 건강해."

그러면 이 말은 보이지 않은 세포 구석구석까지 영향을 미친다. 자기 자신에게 하는 혼잣말은 건강한 세포를 만드는 데 도움이 된다.

가장 높은 수준의 혼잣말은 기도이다.

"내 안에 계신 하나님은 지금 이 순간 나의 건강이다."

심리학자와 생리학자들 모두 모든 고통은 뇌에 있다고 지적한다. 마음은 여러 가지 생각을 연속적으로 할 수는 있지만, 한 번에 한 가지 생각만 할 수 있다. 마음속에 건강을 믿도록 프로그래밍하면, 건강을 얻을 수 있다.

내가 인도에서 아메바성 이질에 걸렸을 때, 이웃의 구루가 병상에 있는 나를 찾아왔다. 그는 내가 고통을 참을 수 있고 고통이 배에서 5센티미터 위로 떠올라 더 이상 느끼지 않게 된다고 믿도록 최면을 걸었다. 나는 필사적으로 고통에서 벗어나고 싶었기 때문에 이걸 믿었다. 그런데 이게 효과가 있었다. 난 당신에게도 완벽하게 효과가 있을 거라고 장담할 수는 없다. 왜냐하면 당신이 처한 상황과 환경을 모르기 때문이다. 하지만 이게 반 정도만이라도 효과가 있다면, 그래도 대단하지 않은가?

우리의 사고 형태는 몸을 구성하는 수조 개의 세포를 통제하는데, 초당 700만 개의 세포가 소멸하고 새로 생겨난다. 양극성의 법칙에 따르면 인간은 항상 끊임없이 재생하거나 퇴행하고 있다. 우리는 오직 고통 또는 쾌락, 둘 중 하나만을 생각할 수 있고, 건강으로 향하거나 아니면 건강에서 멀어지게 된다.

나는 당신이 건강 쪽으로 움직이길 바란다. 우리는 건강한 몸을 유지해야 한다.


### 건강에 필요한 다섯 가지 팁 실천하기

≫ 여기서 건강에 꼭 필요한 다섯 가지 팁을 알려주려 한다.


1. 일주일에 7일, 매일 운동하라. 오프라 윈프리는 40세가 넘으면 하루에 1시간 30분의 운동이 필요하다고 말한다.

   남성이든 여성이든, 근육 운동과 유산소 운동을 번갈아 하는 크로스 트레이닝을 해야 한다. 이 주제에 관한 오프라의 비디오를 보거나 책을 읽을 수 있다.

2. 신선한 과일과 야채를 먹어라. 신선한 음식은 신체에 로켓 연료를 공급하여 높은 수준의 활기찬 에너지를 보장한다. 당신이 먹는 것이 꼭 당신이라고 할 수는 없지만, 적어도 흡수하는 것이 당신이다. 매일 5~7개의 신선한 과일과 채소를 먹도록 한다. 이것은 당신의 몸과 마음에 활력을 불어넣어 줄 것이다.

   그 목표는 항상 충만하게 생기 넘치게 살고, 남은 에너지를 비축하는 것이다. 에너지가 많은 사람과 적은 사람 중 누가 더 성공할 것인가? 당연히 높은 에너지를 가진 사람이 성공하지 않겠는까? 그러니 당신은 높은 에너지 쪽에 속해야 한다.

『스마트하게 생각하라: 뇌의 성능을 향상시키기 위한 신경과학자의 처방전 Think Smart: A Neuroscientist's Prescription for Improving Your Brain's Performance』의 저자 리처드 레스탁Richard Restak은 "두뇌의 기능은 아침 식사로 무엇을 먹느냐에 따라 크게 좌우된다."라고 말한다.

3. 허브를 가까이 하라. 허브에는 몸을 해독시키고 회춘시키는 매우 특별한 효능이 있다. 나는 허브의 건강상 이점을 연구하는 데 1,200시간을 넘게 보냈다. 모든 것을 다 아는 것은 아니지만, 어느 정도는 안다고 자부한다.

나는 허브 제제와 효능에 관한 세계 최고 권위자인 고든 패터슨 Gordon Patterson 박사를 인터뷰했다.

또한 브라이언 카펜터Brian Carpenter 박사도 인터뷰했다. 그는 결장에서 시작되는 질병의 85퍼센트를 퇴치하는 방법을 알려주었다. 허브는 심장병과 뇌졸중, 암, 당뇨병, 관절염과 같은 죽음을 초래하는 병을 예방하거나 때로는 막을 수 있다. 왜냐하면 허브는 수조 개의 세포를 해독시키고 효소를 통해 몸 안에서부터 영양분을 공급하고 재건하도록 돕기 때문이다.

4. 이것 역시 건강을 위한 좋은 팁이라 여기서 소개하려고 한다. 언젠가 멕시코의 푸에르토 발라타에서 몇몇 친구들과 저녁 식사를 한

적이 있다. 그중에는 데보라 존스와 더그 존스라는 고객도 함께 있었다. 그들은 내게 말했다.

"이봐, 우리 아들 앤드루는 대장에 문제가 있어. 화장실엘 잘 못 가. 화장실에 가라는 신호가 안 오나 봐. 이제 여섯 살인데 학교에서 가끔 사고를 쳐. 그래서 학교 생활도 엉망이야. 좋다는 병원은 다 찾아다니며 치료하느라 많은 돈을 썼는데도 치료가 안 돼. 정말 어떻게해야 할지 모르겠다니까. 이런 걸 '게으른 대장'이라고 하나 봐."

앤드루는 10일에 한 번 정도 화장실에 가고 있었다. 이 증상으로 인해 ADD(주의력결핍증)나 발달지연 등 다른 건강상의 문제도 유발한다고 했다. 그런데 그 어느 것도 사실이 아니었다. 나는 너무 흥분해서 자리에서 일어났다.

"이봐, 라이프 파이버Life Fiber라는 게 있어. 29가지의 수용성과 불용성 허브가 들어 있는 건데, 결장을 다시 움직이게 한다네. 보통 사람의 대장에는 섬유질이 충분치 않아서 잘 움직이지 않아. 이걸 먹여 봐. 대장 활동에 진짜 좋거든."

이 말을 들은 부부는 이렇게 말했다.

"우리가 안 해 본 게 없어. 어쨌든 한 번 먹여 볼게."

그들은 앤드루를 내 방으로 데려왔고, 내가 먼저 시범으로 그 섬유질을 한 잔 타서 마셨다. 앤드루는 냄새를 한번 맡아보더니 나쁘지 않은지 그도 한 번에 마셨다. 다음 날 아침, 앤드루가 나에게 부리나케 달려와 그 약이 효과가 있다고 말했다.

그 이후 앤드루의 대장 활동은 정상을 넘어 완전히 활발해졌고, 성적도 오르게 되었다. 그리고 친구들과의 관계도 다시 좋아졌다. 그의 자신감도 높아졌고 자존감도 되찾았다. 데보라는 이 제품의 후원자가 되었다. 나도 마찬가지로 후원자가 되었는데, 변비가 얼마나 고통스러운 것인지 잘 알고 있기 때문이다.

미국인의 85퍼센트가 스트레스를 너무 많이 받아 폭발 직전이라고 한다. 전인건강학자 버나드 젠슨Bernard Jensen 박사에 따르면, 모든 질병의 85퍼센트가 대장 문제와 관련이 있다고 한다.

우리는 운동을 너무 적게 하고, 너무 많이 앉아 있고, 수용성이든 불용성이든 섬유질을 충분히 섭취하지 않는다. 열린 마음을 가지고 주의를 기울였으면 좋겠다. 대변을 확인하면서 자신의 건강 상태를 살펴보라.

너무 딱딱하지 않은 엷은 황갈색으로 15센티미터 정도의 길이가 적당하다. 그리고 비교적 냄새가 적으면 정말 건강한 대장이다. 그렇지 않고 몸이 섭취하는 모든 것이 뱃속에 정체되어 있다면 이것은 정말 위험한 단계이다.

나는 지금 독자들을 불쾌하게 하려는 것이 아니라, 알려주려는 것뿐이다. 짐작건대, 아무도 대장 상태에 대해 이렇게 자세하게 논의한 적은 없을 것이다.

5. 세 가지 흰색 음식을 피한다. 그것은 바로 설탕, 소금, 밀가루다. 흰설탕은 슈가 블루스sugar blues를 유발한다. 흰 소금은 방부제로서

의 역할과 맛을 담당하기 때문에 많은 음식에 널리 사용되지만, 우리 몸은 너무 많은 양을 처리할 수 없다. 흰 밀가루에는 영양가가 거의 없다. 이 세 가지 흰 재료로 범벅이 된 음식이 오늘날의 패스트푸드다. 그러니 얼마나 몸에 해롭겠는가?

지금 좋은 음식을 먹지 않으면, 미래에 큰 대가를 치르게 될 것이다. 결국, 자신의 몸을 완전히 독으로 망가뜨렸다면 당신이 원하던 꿈속 삶을 살거나 목표에 도달한들 무슨 소용이 있겠는가?

설리번Dan Sullivan 전략 코치는 "처음에는 건강을 부와 맞바꾼다. 그러다 나중에는 조금이라도 더 건강해지기 위해 모든 부와 맞바꾼다."라고 조언한다.

### 나의 목표 내가 정하기

≫ 미루는 습관은 성공과 행복에 큰 타격을 준다. 성취와 우유부단함이 양립할 수 없듯이 성공과 미루는 습관도 서로 상반된다. 당신의 삶은 당신 자신의 행동에 의해서만 개선된다.

나는 26세에 모든 것이 엉망이 되었다. 몇 달 동안 파산 상태를 겪은 후 난 전형적인 무기력증에 빠져버렸다. 누군가의 건물 복도에서 침낭을 깔고 잤고, 혀가 입천장에 달라붙을 때까지 싸구려 땅콩버터 젤리 샌드위치를 먹었다. 나는 와이퍼가 작동하지 않는 고장 난 폭스바겐을 운전했다.

그러면서 속으로 이렇게 말했다.

"시간이 많이 지나면, 이 모든 것이 저절로 해결될지도 몰라."

나는 몇 달 동안 상황이 나아지기만을 기다렸다. 그런데 더 나빠지기만 했다.

어느 날, 나는 롱아일랜드의 철도 차량에서 시간당 2.14달러를 받고 화장지를 하역하고 있는 나 자신을 발견했다. 나는 "마크, 이제 뭔가 해야 할 때인 거 같아. 더 나은 삶을 살려면 더 나아져야 해. 그건 머리와 마음, 심장, 그리고 영혼 안에서 시작돼."라고 격려했다. 그때 캐빗 로버트의 테이프가 내 손에 들어왔고, 그것은 내게 효과가 있었다. 다른 사람에게도 효과가 있을까? 물론이다.

모든 것은 당신으로부터 시작된다.


짐 캐리Jim Carrey도 보잘것없는 사람이었다. 그는 역시 평범한 부모님과 토론토에서 살았다. 짐은 상상으로 1,000만 달러의 수표를 썼다. 그는 메모란에 "훌륭한 연기를 위해서"라고 썼고, 그것을 아버지에게 보여준 다음 지갑에 넣었다.

짐이 영화 「마스크The Mask」를 찍기로 하고 받은 첫 번째 수표가 1,000만 달러였다. 그런데 그가 영화를 찍기로 한 날, 아버지가 돌아가셨다. 아버지의 장례식에서 짐은 자신이 썼던 1,000만 달러짜리 수표를 지갑에서 꺼내 아버지의 손에 쥐어주고 함께 묻었다. 그는 아버지의 관 뚜껑을 닫으면서 "아무도 믿지 않았을 때 아버지는 나를 믿었어요. 아버지,

우리가 해냈어요."라고 나지막이 말했다. 짐 캐리는 더 이상 기다릴 수 없었고, 그래서 자신의 인생 계획을 스스로 설계했다.

월트 디즈니는 "꿈을 꿀 수 있다면, 당신은 할 수 있다."라고 말했다. 당신 말고는 그 누구도 당신의 꿈을 시작할 수 없다. 그리고 당연하지만, 그 누구도 당신의 꿈을 막을 수 없다.

당신이 실업자라는 것은 문제가 되지 않는다. 최악의 직장에 있거나 직위가 낮은 것도 문제가 되지 않는다. 당신이 청소부라는 것도 문제가 되지 않는다. 성경에 이르길, "대저 그 마음의 생각이 어떠하면 그 위인도 그러한즉(잠언 23:7)"이라고 하였다.

당신의 생각은 스스로 만들어진다. 그러니 큰 꿈을 꾸고, 큰 삶을 살고, 큰 생각을 하고, 당신이 할 수 있다고 생각했던 것보다 더 큰 결과를 얻어라.

MISSION

# 당신 안의 천재성을 찾아라

이제는 마음이 우리 안에 있으며, 그 마음이 우리가 원하는 모든 것을 지배한다는 사실을 알아야 한다.

마음에는 두 가지 단계가 있다. 바로 신의 마음과 우리의 마음이다.

우리의 마음이 신의 마음에 더 가까이 다가갈수록, 우리는 더 쉽게 창조한다. 성경에 이르기를 "너희 믿음대로 돼라(마태복음 9:29)"고 하였다.

일반인의 언어로 하면, 당신이 믿는 것이 바로 당신이 성취하는 것이다. 우리가 스스로에게 강요하지 않는 한 지옥과 고통이 우리를 강요하지 않는다. 마찬가지로, 기쁨, 사랑, 평화, 행복, 위대함도 우리가 우리 자신에게 강요하지 않는 한 우리를 강요할 수 없다.

사실 우리가 스스로 강요하지 않는 한 그 무엇도 우리에게 받아들여질 수 없다. 영혼은 우리가 받아들이도록 허락하지 않는 한 어떤 선물도 주지 않는다.


내 친구이자 LA의 아가페 국제 영성 센터Agape International Spiritual Center의 마이클 벡위드Michael Beckwith 박사는 "그 진실이 아무리 훌륭해도 자신에 대한 진실을 믿으라."고 말한다.

모든 것은 당신의 머릿속에 있고, 천재성이 시작되는 곳이 바로 당신 머리다. 마인드 파워는 우리가 그것이 우리의 힘이라는 것을 인식할 때에만 효과가 있다.

개미의 삶이 코끼리의 삶보다 못하다고 할 수 없다. 그저 무한한 형태를 띠는 영혼일 뿐이다. 당신이 자신의 형태를 선택하면 당신이 그 형태가 되는 것이다. 다행히도, 영광스러운 인간으로서 우리는 더 큰 선을 생각할 수 있기 때문에 더 큰 선을 누릴 자격이 있다. 우리에겐 그렇게 할 능력이 있기 때문에, 우리는 신을 위해 그것을 끝까지 해낼 의무가 있다. 흔히들 이렇게 말한다.

"하나님이 네게 마음의 능력을 주셨지만, 네가 그것으로 하는 일은 네가 하나님께 드리는 선물이다."

바라건대, 무한한 천재적 잠재력을 사용하는 것이 신에 대한 당신의 선물이 되었으면 한다.

만일 당대에 가장 똑똑한 사람이 백 년 전에 살았다면, 아무도 그에 대해 알지 못했을 것이다. 왜냐하면 그는 걷지도, 말을 하지도 못 했기 때문이다. 하지만 과학계에 따르면, 영국의 물리학자이자 우주론자이자 우주학자였던 고 스티븐 호킹Stephen Hawking은 아인슈타인 이후 가장 똑똑한 사람이었다.

그는 『시간의 역사A Brief History of Time』라는 책을 썼다. 호킹은 그의 전동 휠체어에 장착된 컴퓨터에 한 손가락으로 타이핑을 하여 의사소통을 했고, 이 장치는 그의 생각을 음성으로 변환했다. (천재들을 알아볼 수 있는 도구가 없었기에 우리는 전 역사를 통틀어 얼마나 많은 천재를 잃었을까?)

스티븐이 그의 삶에서 특정한 도구를 적용할 수 있을 때까지, 그는 발견되지 않은 천재였다. 주변 사람들이 그의 안에 얼마나 큰 위대함을 지니고 있는지 몰랐다면, 그의 소통을 도울 기술이 없었다면, 그는 발견되지 않은 채 사라졌을지도 모른다.

당신도 역시 아직 발견되지 않은 천재다. 이번 장에서는 양쪽 귀 사이의 6인치(뇌)를 확장해 보겠다.

올리버 웬델 홈스 시니어Oliver Wendell Holmes Sr.가 말했듯이, "사람의 마음은 새로운 생각이나 감각에 의해 확장되며, 결코 이전 차원으로 되돌아가지 않는다." 벅민스터 풀러도 "모든 아이들은 천재로 태어나고, 우리는 그들 삶의 첫 6년을 그들을 퇴보시키는 데 보낸다."라고 말했다.

### 나에게 활력을 주는 것

≫ 당신의 천재성을 찾아라. 당신 고유의 개성을 찾아라. 스스로에게 물어보라.

"내가 무엇을 좋아하는가? 무엇이 나에게 활력을 주는가? 일하지 않아도 된다면 무엇을 하고 싶은가? 내 열정은 무엇인가? 내 천직은 무엇인가? 내 인생 숙제는 무엇인가? 내가 잘하는 것은 무엇이고, 더 잘하는 것은 무엇인가?"

이것을 반복하고, 개선하고, 다듬고, 성장시켜 나가면 당신은 자기 자신에게 감탄할 날이 올 것이다.

메리 케이 코스메틱의 고(故) 메리 케이 애시는 매일 아침 일찍 회사에 출근해서 하루의 7가지 우선순위 목록을 작성하고, 이를 실천했다고 한다. 이것이 그녀가 세계에서 가장 성공적인 네트워크 마케팅 회사 중 하나를 일궈낸 방법이다. 그녀는 자신이 무엇을 해야 하는지 알고 있었고, 더 중요한 것은, 그녀가 스스로 무엇을 가장 잘하는지 알고 있었다.

천재성을 죽이는 가장 빠른 방법은 자신의 위대함을 믿지 않는 것이다. "나는 실패자야. 난 바보야. 나는 제대로 할 수 있는 게 하나도 없어."

이렇게 부정적인 말을 하면서 당신의 천재적인 아이디어를 죽이는 것 역시 당신에게 득이 될 게 하나도 없다. 많은 사람이 좋은 아이디어와 콘셉트를 떠올리긴 하지만, 이내 깎아내리고 무시한다. "이게 그렇게 좋은 아이디어였다면, 다른 누군가가 이미 생각해냈을걸." "이전에 그 누구도 이것을 해본 적이 없기 때문에, 분명 불가능할 거야." 혹은 "그건 안 될 거야." 될지 안 될지 어떻게 아는가?

지속적으로 특별하게 되기로 결심하라. "할 수 있다"는 태도로 스스로에게 감사의 태도를 취하라. 이러한 태도를 통해 스스로 그 누구보다도 더 높은 고지를 차지할 수 있다.

긍정적인 마음가짐과 천재적인 사고방식을 유지하라.

자신이 위대함과 천재성을 누릴 자격이 있다는 것을 깨달아라. 당신은 모든 것을 가질 자격이 있다. 당신이 자신의 생각을 불러일으킨다는 사실을 인식하라. 그리고 이 생각들은 당신을 위해 일한다.

그러므로 매일 "나는 천재다. 나는 현명하다. 나는 깨어 있다. 나는 살아 있다. 나는 열정적이다. 나는 무한대를 믿는다. 다른 사람이 할 수 있다면 나도 할 수 있다."고 말하라.

우리는 창의력을 발휘하는 방법을 배워야 한다. 사람은 어떻게 창의력에 초점을 맞추고 이것을 자극할까? 자신에게는 원래 창의력이 없다고 믿는 사람들이 있다. 부모님, 선생님 또는 심지어 자기 자신으로부터 이렇게 부정적인 생각을 들으면서 성장한 사람들은 목적 충만한 삶이 주어지지 않는다.

우리는 고정된 틀에서 벗어나 살고 생각하는 방법을 배울 수 있다. 성공, 명예, 인정, 명성이 모두 당신의 것이다. 고정관념에서 벗어난 사고는 완전히 다른 삶의 단계로 가는 길을 놓아주는 다리이다.

당신이 그 방에 걸어 들어갈 때 모두 당신을 향해 고개를 돌릴 것이다. 당신의 존재 자체가 자연스럽게, 그리고 무의식적으로 주위의 이목을 끌 것이기에. 당신은 든든한 자신감을 얻어 두려움은 한구석으로 물러날 수밖에 없을 것이다.

## 가장 큰 자신

≫ 당신은 예전의 작은 자신보다 더 큰 자신이 될 수 있다. 모든 사람은 더 큰 자신이 되고 싶어 한다. 아무도 예전과 똑같은 일을 반복하거나 똑같은 모습을 유지하고 싶어 하지 않는다.

생명의 법칙은 성장하고, 발전하고, 향상하고, 진화하고, 점점 더 나아지는 것이다. 다른 천재들을 연구해서 당신의 천재성을 깨달아야 한다. 기존 틀에서 벗어나 사고하고 싶다면, 이미 그 틀에서 벗어난 사람들을 연구해야 한다. 도서관에 가서 이러한 천재들이 쓴 책과 기록물, 논문들을 읽어보라.

다음 단계로 가기 위해 지렛대로 삼는 힘은 정보와 지식이다. 이들 정보와 지식은 현명하고 정확하게 적용되어야 한다. 심도 높은 진짜 교육은 자기 교육이다. 스스로 배울 때 모든 사람, 모든 사물, 모든 장소로부터 배우고 싶어질 것이다.

우리는 평생 배워야 한다. 배움은 아무리 해도 충분하지 않다. 당신은 모든 가능한 지혜를 깊이 흡수하는 정보 스펀지다.

책과 기록물을 살 수 없는 상황이라면, 지역 도서관이나 교회 또는 생각이 비슷하고 성취 지향적인 주변 사람에게서 빌려도 된다. 서점을 방문해서 일단 정보를 쌓기 시작하라. 그러면 결국엔 집이나 사무실에서 바로 이용할 수 있는 도서관을 갖게 될 것이다.

짐 론은 "자신만의 도서관에 걸어 들어가는 행위만으로도 더 똑똑하고 현명하다고 느끼게 된다."라고 말한다. 다른 사람들의 생각을 읽고 듣다 보면, 당신도 어느새 자신만의 새로운 생각을 갖기 시작할 것이다.

우리 중 몇몇은 다른 사람들보다 더 빨리 자신의 재능을 찾는다. 어떤 선물은 처음엔 선물처럼 보이지 않을 수도 있다. 우리는 그 천재성을 완전히 놓치고 있을지도 모른다.

## 패배자 스파키

≫ 스파키의 이야기를 예로 들려주겠다.

스파키에게 있어 학교는 불가능한 것투성이였다. 그는 8학년 때 모든 과목에서 낙제했고, 고등학교에 가서도 물리학과 라틴어, 대수학, 영어에 낙제했다.

스파키는 운동도 잘하지 못했다. 어찌어찌 학교 골프팀에 간신히 들어가긴 했지만, 이내 시즌 중 가장 중요한 경기에서 지고 말았다. 패자 부활전이 있었지만, 여기에서도 졌다.

스파키는 젊은 시절 내내 사회 생활에서 서툴렀다. 그가 실제로 또래 학생들에게서 미움을 받은 건 아니었다. 그저 아무도 그에게 신경 쓰지 않았다. 학교 밖에서 누군가 그에게 인사라도 할라치면 스파키는 화들짝 놀랐다. 스파키는 고등학교 때 한 번도 여자에게 데이트를 청해 본 적이 없기 때문에 데이트를 어떻게 하는지 알 길이 없었다. 그는 거절당하는 것이 너무 두려웠다.

스파키는 소문난 찌질이였다. 그 자신은 물론 급우들, 그리고 모두가 그렇게 생각했기 때문에 스파키는 이것을 그냥 받아들였다. 스파키는 어렸을 때부터 잘될 놈은 어떻게든 잘될 것이라고 믿었다. 그렇지 않았다면 숙명처럼 평범한 모습의 자신과 싸우며 살았을 터였다.

스파키에게는 중요한 것이 하나 있었다. 바로 그림이었다. 그는 자신이 그린 그림을 자랑스러워했다. 물론, 아무도 그것을 인정해주거나 하지는 않았다.

고등학교 3학년 때, 그는 자신이 그린 만화 중 일부를 졸업 앨범 편집자에게 제출했지만, 바로 거절당했다. 고등학교를 졸업한 후, 디즈니 스튜디오에 편지를 썼는데, 만화의 주제를 주면서 작품을 샘플로 보내 달라는 답변을 받았다. 스파키는 제안받은 만화를 열심히 그려 제출했지만, 바로 거절당했다. 또 한 번의 실패였다.

이제 스파키는 자서전을 쓰기로 결심했다. 방법은 만화를 통해서였다. 그는 자신의 어린 시절 모습을 그대로 그렸다. 어린 패배자, 상습적 실패자의 모습을 묘사했다. 그런데 이 만화 캐릭터는 곧 세계적으로 유명해졌다. 학교에서 그렇게 공부는 못 했고 자신의 작품을 몇 번이고 거절당한 소년 스파키는 이제 유명한 이름을 갖게 되었다.

바로 찰스 슐츠Charles Schulz다. 그는 「피너츠Peanuts」라는 연재만화를 시작했고, 연도 날리지 못하고 럭비공 한번 제대로 못 차는 작은 캐릭터를 창조한 것이다. 그 이름은 찰리 브라운이었다.


## 충분히 타고난 재능

≫ 당신 안에 발견되지 않은 천재성이 있다. 이 천재성은 적절한 자극을 기다리고 있다. 자신 안에서 깨어난 천재성이 자극을 받을 때, 당신은 이 천재성을 사용하고 타인에게서 이것을 찾기 시작할 것이다.

진 휴스턴Jean Houston 박사는 "당신에게 타고난 재능이 있는 게 아니라 타고난 재능이 충분하다."라고 말한다.

우리 각자가 단 한 사람의 타인에게 천재성을 찾으라고 독려만 해도,

결국 전 세계는 100퍼센트 천재로 가득한 인류를 보게 될 것이다.

『읽기 지도Teach Your Baby to Read』의 저자인 글렌 도만Glenn Doman은 "자연은 생후 6년 동안, 전혀 노력하지 않고도 압도적인 속도로 정보를 받아들일 수 있는 방식으로 뇌를 만들었다."라고 말한다.

모든 아이들은 레오나르도 다빈치가 사용한 것보다 더 큰 잠재적 재능을 가지고 태어난다. 다른 사람을 돕기 전에, 당신은 자기 자신을 먼저 도와야 한다. 자기 자신 안에서 잠재력을 발견하고 그것에 감탄해야 한다.

에디슨은 자신의 천재성을 믿었고 전구를 발명했다. 만약 세계 78억 7,000만 인구 중 10퍼센트가 그들 자신의 천재성을 믿는다면, 결국 우리는 전구에 맞먹는 7억 8,700만 개의 발명품을 얻을 수 있다는 뜻이 된다. 전 세계가 밝게 빛날 것임은 말할 것도 없다!

밝게 빛나는 아이디어 얘기가 나와서 말인데, 짐 론과 점심을 먹다가 그가 반짝이는 아이디어를 내놓았다. 누군가 100만 달러짜리 집을 가지고 있다면, 그 100만 달러는 어디로 갈까? 누가 차지할까? 은행, 건축가, 건설업자, 하청업자, 노동자, 주인?

그 100만 달러는 실제로는 유통되고 있다. 돈의 속도는 누군가 겁을 먹고 그것을 잠시 보류 상태- 이것을 경기 침체라고 한다 -로 둘 때까지 경제를 통해 계속 움직인다. 그렇지 않으면 돈은 에너지처럼 즉각적이고 지속적으로 계속 흘러 다닌다.

## 크게 생각하는 사람

≫ 사람들에게 우리 모두가 크게 생각하는 사람big thinker이라는 것을 알게 하기는 극히 어렵다. 문제는 우리 대부분이 그 정도의 큰 이해심을 갖고 태어나지는 않았다는 점이다.

존 뉴턴John Newton은 1725년 런던에서 태어났다. 그의 어머니는 그가 일곱 살 때 돌아가셨다. 2년간의 정규수업과 라틴어로 된 기초 교육이 전부였던 존은 열한 살 때 아버지와 함께 바다에 나갔다.

바다에서의 그의 삶은 놀라운 모험과 선원들의 무모함으로 가득 차 있었다. 그는 돈, 권력, 그리고 쾌락을 찾으며 영혼을 잃었고, 결국 무신론자에 자기중심적이며 자포자기한 사람이 되어 버렸다.

그는 해군에서 탈영하다 잡혀 채찍질을 당했고, 15개월 동안 아프리카에서 반쯤 굶주린 채 노예 취급을 받으며 살았다. 그러다 『그리스도를 본받아Imitation of Christ』라는 제목의 책을 읽게 되었는데, 이것이 개종의 씨앗이 되었다. 그 후 6년 동안(이때는 노예선을 지휘했다), 그의 믿음은 성숙해졌다.

존 뉴턴은 그 후 9년간 리버풀에서 히브리어와 그리스어를 공부했다. 그는 결국 서품을 받고 지금도 유명한 찬송가를 썼다. 이전에 노예와 노예 무역상을 했던 사람이 역사상 가장 잘 알려진 찬송가인 '어메이징 그레이스Amazing Grace'를 작곡하기에 충분한 천재라는 것을 누가 알 수 있었을까? 그는 한때 길을 잃었지만, 결국 자신의 길을 찾았다. 우리도 각자 자신의 길을 찾을 수 있다.

결코 천재가 아닌 것으로 여겨졌던 또 다른 소년의 이야기가 있다. 그는 처음에는 주의가 산만한 문제아였다. 오로지 음악만이 그를 진정시킬 수 있었다. 학교 성적도 음악과 역사만 좋아할 뿐 다른 과목은 전혀 관심이 없어 겨우 낙제를 면할 정도였다.

다행히도, 그의 현명한 부모- 음악 교수인 아버지와 음악 선생님인 어머니 -는 독립적인 사고를 가진 아들을 응원했다. 역사를 진정으로 사랑했던 아들은 부모의 전폭적 지지를 받아 다른 모든 실패에도 불구하고 옥스퍼드 대학교에 들어갈 수 있었다.

이 청년이 학교에 가려고 집을 떠나기 전에, 팀 라이스Tim Rice라는 젊은 주유소 직원으로부터 쪽지를 받았다. 라이스는 공동 작사가가 되기를 자처하며 이 젊은이와 협업하기를 원했다. 이 둘은 금세 친구이자 드림팀 파트너가 되었다.

하지만 이 젊은이는 대학에 진학하여 많은 시간을 허비했다. 자신의 음악을 만들고 작곡하는 것 외에는 아무것도 성공하지 못했다. 그는 자퇴했지만 부모님은 여전히 그를 지지했다. 팝송과 뮤지컬에 대한 그의 첫 시도는 성공하지 못했다. 하지만 그와 라이스는 계속해서 자신들의 노래가 음악 차트에 진입하는 것을 상상했고 이 목표를 향해 노력했다.

그러던 어느 날, 그들은 영국 공립학교의 음악부 책임자였던 앨런 도겟Alan Doggett 으로부터 전화를 받았다. 그는 학기말 콘서트를 위한 음악을 찾고 있었다. 청중을 도덕적으로 고양시킬 종교적인 주제로 열리는 콘서트였다.

이러한 영감은 창세기 책에 있는 이야기를 바탕으로 한 뮤지컬, 「요셉 어메이징Joseph and His Amazing Technicolor Dreamcoat」으로 탄생되었다. 앤드루 로이드 웨버Andrew Lloyd Webber와 팀 라이스는 계속해서 「지저스 크라이스트 슈퍼스타Jesus Christ Superstar」, 「캣츠Cats」, 「에비타Evita」와 같은 뮤지컬을 썼다. 앤드루 로이드 웨버는 더 나아가 「오페라의 유령 Phantom of the Opera」, 「스타라이트 익스프레스Starlight Express」, 「사랑의 단면Aspects of Love」, 「선셋 대로Sunset Boulevard」 등을 혼자 써나갔다.

이 고등학교 낙제생이자 대학 중퇴자는 브로드웨이에서 열리는 「오페라의 유령」 공연 개막일 밤 1,600만 사전예약 티켓을 팔았다. 그는 기사 작위를 받았고 할리우드 별도 받았다. (개인적인 얘기를 하자면, 난 런던, 뉴욕, 토론토, LA에서 「오페라의 유령」을 봤다. 이 뮤지컬을 보지 못했다면 당신은 뮤지컬을 봤다고 말할 수 없다.)

## 8단계 지능

≫ 하워드 가드너Howard Gardner라는 하버드 교수는 『다중 지능 Multiple Intelligences』이라는 책을 썼다. 그의 연구는 우리 모두가 열심히 노력하고 충분히 다듬는다면 천재적인 수준으로 끌어올릴 수 있는 적어도 한 가지 뛰어난 재능을 타고났다는 것을 보여준다.

이와 관련된 한 이야기가 있다. 누군가가 미켈란젤로에게 "어떻게 당신의 다비드상을 만들었나요?"라고 물었더니, "다비드가 아닌 그 외 모든 것을 깎아냈습니다."라고 대답했다. 당신의 가장 위대한 천재성, 가장 위대한 능력, 그리고 당신 고유의 재능이 아닌 모든 것을 깎아내라. 당신은 위대한 천재의 대열에 오를 수 있다.

하워드 가드너는 8단계의 지능이 있다는 것을 발견했다. 하나는 앤드루 로이드 웨버의 것과 같은 음악적 지능이다. 마이클 조던과 같은 운동적 지능도 있다. 다른 사람의 감정을 인지하는 대인관계 지능도 있다. 이런 유형의 지능을 가진 사람은 훌륭한 영업사원, 기획자, 리더, 비전가, 또는 상담가나 치료사가 될 수 있다.

다른 형태의 지능으로는 자연 탐구적(생물을 이해하고 자연과 친화), 공간적(세상을 3차원으로 시각화), 언어적(의미하는 바를 정확히 표현할 수 있는 적절한 단어 발견), 자기 이해(자기 자신과 자신이 느끼는 것을 이해), 논리-수학적(계량화) 지능이 있다. 음악적 지능은 음높이, 음, 리듬, 음색 등을 구분한다.


미국에는 3만 7,000가지의 직업이 있다. 직업마다 모두가 천재라고 부르는 일인자가 있을 것이다. 당신이 그 사람이 되면 어떤가? 출판업계에서 잭 캔필드와 나는 역사상 그 누구보다도 빨리, 많은 책을 팔았다. 그와 나는 우리의 천재적인 글쓰기와 말하기 재능을, 또 나의 경우에는 홍보, 마케팅, 판매 재능을 드러내기로 결심했다.


누구에게나 천재성은 있다. 여러분은 "구하라, 그러면 얻을 것이다"라는 위대한 교훈을 따라야 한다. 이 말은 구하는 사람 중 일부만 찾는 게 아니라, 누구나 구하면 찾을 수 있다는 뜻이다.

하지만 당신이 자신의 천재성을 구하는 것을 모른다면, 찾을 수 없다. 나는 당신이 영적, 정신적, 육체적 관점에서 천재성을 구하고 찾아내고 드러내서 그 위대함이 세상에 드러나기를 간절히 원한다.

## 다중 천재성

≫ 여기에 비밀이 있다. 이것이 당신 영혼의 마법이다. 당신 안에는 여러 천재가 있다. 무하마드 알리Muhammad Ali와 척 웨프너Chuck Wepner의 경기를 본 후, 실베스터 스탤론Sylvester Stallone은 너무 깊은 영감을 받았고, 3일 밤낮을 꼬박 새우며 영화 「록키Rocky」의 대본을 썼다. 그는 주연을 약속받을 때까지 투자자들의 돈을 거절했다. 그리고 영화가 개봉된 후 1억 달러를 벌어들였고 아카데미 시상식에서 여러 개의 상을 휩쓸었다.

이 영화는 수많은 속편들이 나왔다. 또한, 이 영화를 시작으로 실베스터는 람보와 같이 수백만 달러의 흥행을 거둔 다른 영화에도 참여하는 계기가 되었다.

실베스터는 훌륭한 영화 대본을 쓰는 데 천재성을 보였다. 또한, 영화를 파는 데는 천재성이 더 크게 드러났다. 그는 흥행수표 배우의 천재성을 터득했다.

그는 감각이 뛰어난 미술 수집가이자 예술가가 되었다. 그의 작품은 보통 거장들의 작품에서만 볼 수 있는 기록적인 가격으로 경매에 부쳐졌다.

내가 파리에 갔을 때 일이다. 발행인과 난 저녁 5시 30분쯤 소더비 갤러리 옆을 지나가고 있었다. 그때 모피를 휘감은 유명인들 무리가 옛 거장의 작품을 팔려고 리무진에서 내리고 있었다.

난생 처음으로 난 소더비 경매장에 들어가고 싶어졌다.

우리는 캐주얼 차림의 평상복을 입고 있었지만, 그 유명인들 사이로 끼어들었다. 나는 일행인 양 무리를 가리켰고, 영어도 못 한다는 듯이 독일인 흉내를 냈다. 그렇게 우리는 소더비 안으로 들어갔다.

안으로 들어가자 거기에는 온갖 유명한 모네, 르누아르, 세잔의 작품들이 있었다. 그런데 누구의 그림이 가장 비싸게 팔렸을까? 바로 실베스터 스탤론의 그림이다.

나는 우리에겐 저마다 다양한 천재성이 있다고 믿는다. 우리는 천재성이 최대한 위대함에 가까워지도록 노력하여 이 기량이 충분히 성장하여 흘러넘치게 해야 한다.

천재성을 발휘하라. 천재성을 더 많이 발휘할수록, 천재성으로 인한 더 많은 일이 생긴다.


### 위 아 더 월드

≫ 켄 크라겐Ken Kragen은 쇼 비즈니스계의 킹 메이커로, TV 프로듀서이자 매니저이며 세계적인 기금 모금가이다. 켄은 그가 감동한 유명인사의 삶을 변화시켰다. 그는 또한 『삶은 접촉 스포츠Life Is a Contact Sport』라는 훌륭한 책을 썼는데, 꼭 한 번 읽어보길 권한다.

켄은 하나의 큰 일이 발생하기 위해서는, 세 개의 작은 일들이 동시에 일어나야 한다고 말한다. 먼저 혁신적이고 대담하며 돌파구가 될 수 있는 큰 움직임부터 시작해야 한다. 켄이 묻는 세 가지 질문은 다음과 같다.

"그 일들이 독특하거나 특별한가? 이 일들의 토대는 실체가 있는가? 이 일들은 사람들의 상상력이나 관심을 사로잡는가?"

만약 세 질문에 모두 "예"라고 답할 수 있다면, 당신의 커리어는 크게 성장할 수 있다. 켄이 1985년에 하나의 큰 일을 만들게 된 일련의 세 가지 사건은 다음과 같다.

첫 번째는 그의 가장 친한 친구인 해리 벨라폰테Harry Belafonte가 뉴스에서 에티오피아의 끔찍한 기근 사태를 본 후 켄에게 전화를 건 사건이었다. 그는 미국의 아티스트들이 모여 자선행사를 열고, 이 수익금을 대의를 위해 기부할 수 있을 거라 확신했다.

켄은 밥 겔도프Bob Geldof가 내놓은 밴드 에이드Band Aid 아이디어를 쓰자고 했다. 밴드 에이드는 원래 올스타 레코딩 세션이었는데, 이번에는 스타 미국 아티스트가 모여 더 크게 일을 벌이자는 구상이었다. 켄은 먼저 케니 로저스Kenny Rogers에게 전화해서 이 계획을 상의했다. 케니는 이 계획이 무척 마음에 들었다. 그래서 케니는 라이오넬 리치Lionel Richie의 집으로 갔는데, 알고 보니 라이오넬도 아프리카의 비극에 대한 뉴스 보도를 봤다고 했다. 켄은 라이오넬에게 스티비 원더Stevie Wonder와 함께 곡을 써달라고 부탁했고, 이 노래를 부를 스타 아티스트들을 모았다.

이와 동시에, 켄은 휴가차 하와이로 가던 퀸시 존스Quincy Jones를 붙잡았다. 퀸시 존스는 당시 너무 과로한 상태여서 쓰러지기 직전이었다. 게

다가 스티븐 스필버그와 함께 그의 첫 영화 「컬러 퍼플The Color Purple」
의 제작을 앞두고 있었다. 그럼에도 불구하고, 퀸시는 레코드 제작에 흔쾌
히 동의했다. 단, 마이클 잭슨Michael Jackson도 이 프로젝트에 참여시키
고 싶어 했다.

그러고 나서 두 번째 사건이 있었다. 36시간이 채 지나기도 전에 켄
크라겐은 어떤 소식을 전하고자 벨라폰테에게 다시 전화를 걸었다. 스티
비 원더가 영화 「우먼 인 레드The Woman in Red」의 삽입곡 작업에 몰두
하고 있어서, 라이오넬과 마이클이 「위 아 더 월드We Are the World」를 작
곡하고 이를 퀸시 존스가 제작한다는 내용이었다.

켄은 「위 아 더 월드」의 대성공을 위해 자는 시간 외에는 오로지 매니
저와 에이전트, 아티스트, 변호사, 음반사 책임자들과 이야기하는 데만 몰
두했다. 그의 목표는 하루에 두 명의 아티스트를 설득하여 이 녹음에 응
하도록 하는 것이었다. 그는 총 15명을 원했지만, 대신 28명이 그에게 문
을 두드렸고, 아쉽지만 여기서 인원을 마감해야 했다. 이것이 세 번째 사
건이었다.

퀸시는 완벽한 프로듀서였다. 그는 각 아티스트에게 그들만의 적절한
파트를 배분했기 때문에 어떤 논쟁이나 다툼도 없었다. 그리고 "마음을
비워라"라고 적힌 대형 포스터를 붙였다.

「위 아 더 월드」는 불가능한 작업이었지만, 완벽한 타이밍 덕분에 가
능해졌다. 이 프로젝트는 단 38일 만에 짜맞춰졌다. 데드라인이 있었기에
즉각적인 행동이 이루어졌다. 각 방면의 리더들은 기아 해결을 위한 선구

적인 방법을 마련해 냈다.

MTV는 토요일과 일요일을 「위 아 더 월드」에 할애했고 HBO는 음반과 비디오 제작에 관한 2시간짜리 특집을 내보냈다. 여기에도 세 가지 사건이 등장한다. 라디오, MTV, 그리고 HBO.

그 프로젝트 이후, 켄은 '핸즈 오버 아메리카Hands over America'를 생각해 냈다. 650만 명이 미 대륙을 가로지르는 인간 띠를 만들어 기금을 모금하는 행사이다.

켄이 얻은 이득은 무엇일까? 그는 이전보다 훨씬 유용하고 강력한 인맥, 더욱 전문적인 친목 관계, 더욱 개인적인 만족감을 얻었다.


### 나를 멈추게 하는 것

≫ 전 세계에는 지금 이 순간에도 크게 생각하며 성공을 거듭하는 사람들이 있다. 도대체, 그 무엇이, 당신을 멈추게 하는가? 왜 그렇게 되도록 내버려두는가?

아야톨라 호메이니Ayatollah Khomeini가 이란 이슬람 공화국의 최고 지도자가 되는 등 여러 사건으로 인해 1984년 당시 올림픽 개최지가 막판에 로스앤젤레스로 바뀌었을 때, 로스앤젤레스 시장인 톰 브래들리Tom Bradley는 지구상에서 가장 뛰어난 해결사를 찾아다녀야 했다.

톰이 피터 위버로스Peter Ueberroth에게 연락하여 당면한 문제를 설명했을 때, 피터가 물었다. "얼마나 저에게 주실 건가요?"

브래들리 시장은 "1달러"라고 대답하며 주머니에서 1달러를 꺼내 그에게 주었다.

피터는 올림픽을 성공시키기 위해 200만 달러가 필요했는데, 단 일주일 만에 그 돈을 손에 넣었다. 그는 모든 대기업을 후원사 경쟁에 부쳤다. 펩시콜라와 코카콜라를 싸우게 했고, 후지필름을 코닥필름과 겨루게 했다. 돈을 먼저 가져오는 회사가 후원사 자리를 차지하는 것이다. 성공하기 위해선 행동해야 한다.

코미디언 제리 루이스Jerry Lewis는 45년간 노동절마다 다발성 경화증 환자를 위한 기금 모금 행사를 벌였는데, 이 행사를 위해 48시간을 꼬박 새우며 텔레비전 방송을 진행해야 했다. 그는 이 방송을 통해 수백만 달러를 모금했고 이 병을 멈추기 위한 각계의 새로운 연구 노력을 자극했다.

1940년대부터, 밥 호프Bob Hope는 해외로 미군 위문 공연을 다녔다. 이 활동은 밥과 그의 팀에게 엄청난 비전을 주었을 뿐만 아니라 군인들의 사기를 북돋우고 그들에게 잊을 수 없는 추억을 제공했다.

밀턴 허쉬Milton Hershey는 1894년에 자신의 이름을 딴 미국 초코바 회사를 설립했다. 1948년 그가 사망했을 때, 그의 개인 재산은 집과 가구밖에는 없었다. 나머지 재산은 모두 기부했기 때문이다.

그의 초콜릿 공장은 대공황을 거치면서도 8,000명을 고용했고, 직원들은 허쉬 놀이공원, 호수, 극장, 빵집 등에서 허쉬가 마련한 복지를 누렸다. 밀턴 허쉬와 그의 아내에게는 자녀가 없었기에, 대신 그들은 학교와 보육원을 세웠다.

내가 가장 좋아하는 천재, 벅민스터 풀러의 말을 대신하며 이 장을 끝마치려 한다.

나는 서던 일리노이 대학교에서 그의 연구 조교로 일했다. 그가 내 인생에 도움을 주지 않았다면 나는 오늘의 내가 될 수 없었을 것이다. 그는 자신의 발명품과 창조적인 사고력으로 수많은 표창과 상을 받았는데, 언젠가 내게 이렇게 말했다.

"내가 그렇게 할 수 있었던 이유는 내가 나의 것이 아니었기 때문이다. 나는 우주의 것이다."

진정한 천재성은 단지 당신 자신만을 위한 것이 아니다. 그것은 세상에 대한 책임감이자, 고귀하고 소중한 선물이다. 당신 안에 있는 위대함, 그 천재성을 찾고 이 천재성을 가치 있게 사용할 수 있는 방법을 찾아라.

# 어려움에 도전하라

당신이 지금 삶에 부족함을 느끼거나 역경과 고난에 처해 있다면, 좋은 소식이 하나 있다. 당신은 지금 더 나은 환경으로 넘어가고 있는 중이다.

이번 장에서는 판에 박힌 생활에서 어떻게 벗어날지에 대해 확실히 알려주려 한다.

장애물을 제거하는 방법과 대부분의 문제가 전화위복의 기회임을 인지하는 방법에 대해서도 설명한다.

그런 다음 당신의 더 위대하고, 더 웅장하고, 더 높고, 더 큰 자아를 증식하고 확대하고 매료시키기 위해서 보다 효율적이고 효과적으로 하루를 계획하는 방법을 알려주겠다.

## 입력 메시지와 출력 메시지

≫ 먼저 장애물이 가장 많이 도사리고 있는 곳, 바로 머리에서부터 시작해야 한다. 나는 이것을 입력/출력 메시지라고 부른다.

많은 사람이 꿈꾸기를 멈추는데, 그 이유는 너무 많은 실패 메시지의 폭격을 받고 있기 때문이다. 때때로 우리는 자기 자신에게 부정적이고 파괴적인 확언을 함으로써 우리의 영혼에 칼을 꽂는다.

실패 메시지는 우리가 어렸을 때부터 많이 들어왔다. 어렸을 때는 "넌 왜 그렇게 멍청하니?" "아직도 신발 끈 하나 못 묶어?" "정신 차려. 세상은 네 맘대로 되는 게 아냐." "왜 다른 애들처럼 못 하니?"와 같은 소리를 들었다. 나이가 들면, "이제 대충 자리 잡아서 먹고 살 궁리를 해. 학위까지

땄는데 망치지 말고." "괜히 평지풍파 일으키지 마." "그만 꿈 깨고 제발 진지하게 생각해. 다른 사람들이 뭐라 생각하겠니?"라는 소리를 듣고 있다.

앞에서도 말했듯이, 내 파트너이자 친구인 잭 캔필드는 자존감 연구 전문가이자 역대 베스트셀러인 『자존감을 키우는 101가지 방법101 Ways to Build Self-Esteem』의 저자이다. 잭은 거의 모든 사람이 유치원 때까지는 자존감이 매우 높다고 주장한다. 우리가 고등학교를 졸업할 때쯤, 이 자존감은 모두 빠져나가고 원래 수준의 약 5퍼센트까지 떨어진다.

우리의 삶은 평생 자아상을 토대로 구축된다. 자아상의 또 다른 이름은 "진짜"이다. 당신이 어떤 것이든 "진짜"라는 말을 붙이는 순간 그 즉시 불변의 힘을 갖게 된다. 당신의 성공은 당신 자신에 대한 생각과 직결된다.

연구에 따르면 우리가 생각하는 자아상은 일반적으로 불완전하고 부정확하다고 말한다. 잠시 이것에 대해 생각해 보면 얼마나 안타까운 일인지 모르겠다. 많은 사람이 수년 동안이나 잘못된 메시지를 받고선, 자신이 성공할 자격이 없다고 믿는다. 왜냐하면 그들은 더 원대한 모습의 자신을 보지 못했기 때문이다.


사람들은 이렇게 말한다.

"난 가족이 없어요." "난 대학 학위가 없어요." "난 너무 스펙이 과해요." "난 너무 뚱뚱해요." "난 너무 말랐어요." "난 너무 못생겼어요." "나는 지나치게 귀여워서 아무도 나를 진지하게 대해주지 않아요."

이렇게 계속 끔찍한 메시지를 듣는다면 당신의 삶은 재난 그 자체가 될 것이다. 그러나 어떤 사람들은 이렇게 부정적인 메시지를 듣거나 믿기를 거부하고, 한 걸음 한 걸음씩 꿈을 이루며 청춘에서 어른으로 나아간다.

### "취소" 누르기

≫ 안타깝게도, 이런 일은 거의 일어나지 않는다. 여러분이 더 크게 생각하기로 마음먹었다면, 부정적인 메시지들이 표면 위로 떠오르기 시작할 때마다 이 메시지들을 멈추려고 노력해야 한다.

자기 자신에게 "취소, 취소. 사라져!"라고 말하라. 신체적인 행동을 취하고 싶다면, 손을 사용하여 크게 '엑스ˣ'자를 만든 다음 "취소, 취소 사라져!"라고 말하라. 만약 누가 옆에 있어서 이런 모습을 보이고 싶지 않다면, 그저 집게손가락으로 작게 'X'자를 만든 다음 "취소, 취소. 사라져!"라고 말하라.

어떨 때는 더 크게 생각함으로써 당신은 가족, 동료, 친구, 심지어 전혀 모르는 사람들로부터 부정적인 메시지의 표적이 될 수 있다. 모든 사람이 그 이유를 이해하거나 당신을 위해 기뻐하지는 않는다. 대부분의 사람은 고통스럽더라도 현상 유지를 좋아하고 받아들이기 때문이다.

하지만 부정적인 메시지를 들을 것인지 말 것인지 여부는, 그건 당신의 선택이다. 그만둘 이유— 다른 사람과 마찬가지로 —는 수없이 많지만, 당신은 선택할 수 있다. 그들의 부정적인 말을 듣거나 그저 무시하거나.

여러분의 삶에 스멀스멀 침투해오는 타인의 부정적인 메시지 또한 조심해야 한다. 저녁 뉴스에서만도 수십, 수백 건의 이런 메시지를 보도하지 않는가. 그러니 그토록 많은 사람이 크게 생각하길 거부하거나 아예 생각을 멈추는 것도 당연하다. 이런 부정적인 것들을 당신 삶에 허용할 이유가 없다. 자신의 삶을 돌보고 가족을 부양하는 것만으로도 벅찬 일이 될 수 있다. 당신의 삶, 우선순위, 성공을 위한 최종 목표에 집중하고 그 이미지를 마음속에 간직하라.

## 성공을 뒤집는 17가지 방법

≫ 사람들이 왜 크게 생각하지 않을까? 그 이유에 대해 이야기해 보자. 사람들은 다음과 같은 17가지 이유로 인해 스스로 부정적인 말을 하며 성공에서 점점 멀어져간다. 그러니 인생에서 다음과 같은 상황에 마주친다면, 일찌감치 알아채고 피해가길 바란다.

1. 사람들은 부정적인 편집증을 보인다. 이제 이것을 긍정적인 편집증으로 바꿀 수 있다. W. 클레멘트 스톤은 "나는 편집증을 역으로 이용한다. 모두가 나를 이롭게 하려고 존재하는 것 같다."고 말했다. 당신도 이렇게 생각해 주었으면 한다. 주변 사람이 모두 당신을 도우려 한다고 확신했으면 좋겠다. 마음속에서 부정적인 편집증- "난 안 될 거야." -을 버려야 한다.

2. 대부분의 사람은 늘 똑같은 현상 유지에 만족한다. 어떤 것을 바꾸려면 많은 에너지가 필요하다. 하지만 정신과 의사들은 이렇게 말

한다. "우리는 계속 같은 일을 하면서도 새로운 결과를 기대하는 사람들을 미쳤다고 말한다."

3. 사람들은 과거의 실수와 판단 오류에 대해 후회하고, 비난하고, 부끄러워하고, 자기 자신이나 다른 사람들을 탓하는 데 에너지와 시간을 낭비한다.

4. 그들은 잘못된 목표 또는 낮은 목표를 갖거나, 더 심각하게는 아예 목표가 없다. 목표가 없다면 실패할 일이 없지만, 갈 곳도 없다.

5. 비관과 절망만을 말하는 사람들은 당신이 절대 성공할 수 없다고 믿게 한다.

6. 그들은 운동량의 법칙과 끌어당김의 법칙을 이해하지 못하고, 그릇된 판단으로 돈이 문 앞에서 왈츠를 추며 쉽게 들어오기만을 기다린다.

7. 그런 사람들은 열정적으로 밖에서 활동하기보다 권태롭고 안정된 삶을 원한다. 카툰 철학자 지기Ziggy는 "안정성은 내일 무슨 일이 일어날지 아는 것이다. 권태는 모레 어떤 일이 일어날지 아는 것이다."라고 말했다. 안정성은 아무리 지루하더라도 틀에 박혀 있고 개인적으로 성장할 수 없다고 느끼는 직장에서 벗어나지 못하게 한다. 안정성은 인간관계에 공을 들이기 위해, 인간관계에서 벗어나기 위해, 혹은 개인적인 문제나 공포증을 헤쳐 나가기 위해 풍파를 일으키는 것을 두려워하게 만든다.

8. 그들은 자기 자신이 성공할 자격이 없다고 생각한다. 특히 돈이 불

어나는 것과 관련해서는 더욱 그렇다. 수천 년 동안, 가난에 대한 지배적인 생각이 우리의 사고를 관통해 왔다. 이건 너무 어리석다. 가난은 더 많은 가난을 낳는다. 부의 사고는 풍부하고 넉넉한 결과를 낳는다. 당신이 돈으로 무엇을 만들고 성취하느냐가 가장 중요하다. 가난을 미덕으로 여기는 오랜 믿음은 성서적이라기보다는 사회적 관념에 기반한다. 아이크 목사로 더 잘 알려진 프레더릭 J. 아이케렌쾨테르Frederick J. Eikerenkoetter 박사가 말했듯이, "천국에 가기 위해 지옥을 통과할 필요는 없다." 삶의 목적은 성공하고, 건강하고, 즐겁고, 평화롭고, 행복하고, 풍요롭기 위해 신이 주신 재능을 발견하고 사용하는 것이다. 당신은 다른 사람들이 더 나은 삶을 살 수 있도록 도와줌으로써 부를 축적할 수 있다. 당신의 인생은 무대 리허설이 아니다. 당신은 지금 이 순간 가장 좋은 황금기에 있으며, 이미 영원 속에 있다. 왜 바로 지금 당신이 영원한 행복을 원하고 누릴 자격이 있다고 결심하지 않는가?

9. 그들에겐 드림팀이 없다. 같은 생각을 하고, 의지하고 신뢰할 수 있으며, 자신에게서 보는 것보다 드림팀에서 더 많은 것을 보는, 큰 생각을 하는 사람들의 네트워크를 가지고 있지 않다.

10. 그들은 허락을 기다린다. 어떤 사람들은 다른 사람들로부터 허락이나 승인을 받기 전까지 자신이 뛰어나지 않다고 느낀다. 살아 있다는 것이 성공하기 위해 필요한 모든 허락이다. 비교하거나 다른 사람들이 당신보다 더 성공할 자격이 있다고 판단하지 말

라. 살아 있다면 그 자체로 자격이 있는 것이다. 하지만 여기서 한 걸음 더 나아가 보겠다. 당신에게 허락이 필요하다면, 이것을 기억하라. 나 마크 빅터 한센이 당신이 큰 성공을 거두고 승자가 되기를 공식적으로 허락한다. 당신은 바로 지금, 여기서부터 자신을 책임져야 한다.

11. 그들은 인맥에서 금을 채취하지 않고 있다. 연락처를 훑어보고 당신의 꿈을 실현하는 데 도움을 줄 수 있는 사람을 정하라. 꿈은 혼자서 성취할 수 있는 것이 아니다. 비록 사무실에서 고립되어 혼자 일한다고 할지라도 당신은 목표를 달성하기 위해 다른 사람들과 접촉해야 한다. 만나고 싶은 사람들의 목록을 지속적으로 확장하는 것이 좋다. 지금 당장 그 목록을 작성한다.

12. 그들은 초기에 일단 성공했다 싶으면 거기서 그만둔다. 무엇이 성공이고 무엇이 성공이 아닌지 제대로 알지 못하기 때문이다. 한 번 성공했다고 해서, 그것이 그만두라는 뜻이 절대 아니다. 각각의 성공을 활용하여 또 그다음 성공으로 넘어가자. 그렇기 때문에 당신은 여러 목표를 가져야 한다.

13. 그들은 부족함을 크게 생각하지 않을 핑계로 사용한다. "너무 피곤해." "너무 빈털터리야." "너무 바빠." "충분히 똑똑하지 않아." 그들의 말은 매번 미적거리며 우울해하는 곰돌이 푸의 이요르를 생각나게 한다.

14. 자신을 위해 행동하는 것보다 남을 비난하기는 훨씬 쉽다. 동기부

여 강연가인 지그 지글라Zig Ziglar는 "아무도 비평가에게 동상을 세워주진 않지만, 그의 말은 귀 기울여 듣는다. 그렇지 않은가?" 누구나 비판을 받는다. 큰 사람일수록 비판도 커진다. 왜냐하면 그 목표도 크기 때문이다.

15. 그들은 다른 사람의 삶을 위해 살고, 자신의 행복을 미룬다.

16. 어떤 사람들은 고통 속에 뒹굴기를 좋아하고 변화를 원하지 않는다. 더 크게 생각할 때, 다른 사람들로부터 동정심을 원치 않게 된다. 당신은 더 이상 스스로를 불쌍히 여길 수 없으며, 실패에 대한 불안감을 정복의 아드레날린 분출로 대체한다.

17. 크게 생각하는 것을 거부함으로써, 사람들은 개인적인 성공에 대한 책임을 질 필요가 없다. 마찬가지로, 원하는 모든 것을 가지려는 사람은 항상 새롭고 불편하게 느낄 수도 있는 상황에 대처해야 한다. 그것은 감정의 높낮이에 따라 짜릿할 수도 아니면 무서울 수도 있다. 감정이 다운될 때, 사람들을 그 자리에서 꼼짝도 못하게 된다.

## 자신의 위대함 믿기

≫ 앞서 얘기한 장애물들이 당신 앞에 놓여 있다는 걸 알아차릴 경우, 자신이 이 장애물을 하나하나 모두 물리치고 세계에서 가장 크게 생각하는 사람 중 한 명이 될 것이라고 확신하길 바란다.

당신이 아니라면, 대체 누가 성공할 것인가? 그리고 그게 지금이 아니면 안 될 이유가 무엇인가? 당신은 위대하고 예리한 정신력의 소유자가 아닌가. 그렇지 않았다면 이 책을 읽지도 않았을 것이다. 그저 지금 있는 곳에 안주한다면, 당신은 자기 자신과 가족, 그리고 자신의 위대함을 속이고 있는 것이다. 당신이 자신의 능력을 수준 이하로 발휘하거나, 주어진 특권을 최대한 활용하지 못한다면, 누구든 실패한다.

실베스터 스탤론이 실패 메시지에 일일이 귀를 기울였다면 「록키」는 어떻게 되었을까? 「록키」는 모든 미국인에게 영감을 주었고 결국 이 영화는 오스카 작품상과 감독상을 받았다. 「록키」를 본 모든 관중은 역경을 이겨낸 록키의 승리에 환호했는데, 이는 모두 실베스터가 자신이 가진 역량을 발휘하고 모든 마음과 영혼, 열정, 유머, 강인함을 한 곳에 쏟아 부었기 때문이다.

이 영화에서 내가 가장 좋아하는 대사는 버지스 메러디스$^{Burgess}$ $^{Meredith}$가 연기한 록키의 코치가 한 말이다. "챔피언이 되려면 번개를 삼키고 천둥을 휘어잡아야 해."

분명하고, 목표가 있고, 열정이 넘치는 말이다. 성공은 당신이 자신을 어떻게 생각하는지와 직접적인 관련이 있다. 당신은 자신이 진정으로 생각하는 모습에 따라 행동할 것이다. 딱 자신이 감당할 수 있다고 믿는 범위만큼만 행동할 것이다. 당신은 번개를 삼키고 천둥을 휘어잡고 있는가? 당신이 원하는 것을 방해할 수 있는 것은 당신 자신의 생각뿐이다.

이제는 자기 자신에 대해, 자신의 세계에 대해, 자신의 미래에 대해 더 크게 생각해야 한다. 자신이 성공할 거라고 믿는 사람들은 자신의 삶에 성공을 가져다줄 방법을 찾을 것이다. 그들은 성공을 끌어들인다. 그들에게 성공은 가장 쉽다. 그들은 주로 성공한다. 그게 바로 당신이다.

## 장애물은 기회

≫ 장애물은 위험을 가장한 기회이다. 당신이 성공을 향해 노력할 때, 어떤 장애물은 자신의 머릿속 상상이거나, 자신 혹은 타인에게서 들은 부정적인 의견이라는 것을 깨닫게 될 것이다. 또 다른 장애물들은 실제로 존재한다. 이런 장애물들은 꿈을 억지로 꾸미거나 다른 사람들에게 거절을 당한 후 발생한다. 아니면 돈이 필요하거나 사업 파트너가 필요할 때 생겨난다.

나는 동기부여와 상상력을 적용함으로써 모든 장애물이 제거될 수 있고, 이것이 추진력으로 이어진다고 믿는다. 삶의 모든 경험은 자기 자신에게 동기부여를 할 수 있는 능력을 강화하기 위한 것이다. 경험을 통해 추진력은 향상한다. 자신에 대한 믿음과 신념의 확립은 어떠한 장애에도 불구하고 앞으로 나아가게 하는 토대가 된다.

컨트리 가수 가스 브룩스Garth Brooks는 1억 장의 앨범을 팔아서 비틀스를 이기고 싶었다. 쉽지 않았지만, 그는 해냈다.

어느 날, 그는 자신을 위해 일하는 스태프들을 불러 모아 향후 2년치 연봉을 선불로 지급하고 "지금부터 여러분은 모두 휴가입니다. 2년 후에

봅시다."라고 말해 모두를 놀라게 했다. 끊임없이 목표를 설정하기로 유명한 가스는 자신도 휴가를 가서 샌디에이고 파드리스팀과 야구를 했다. 그러면서 록 음악을 작곡하고, 영화에도 출연하기 시작했다. 이것이 진정 가치 있는 삶이 아닌가?

우피 골드버그Whoopi Goldberg는 한부모 여성 가장으로 샌디에이고에서 생활보조금을 받았다. 그녀는 즉흥 연기를 짜서 로드쇼를 다녔다. 2년 후, 30세의 나이에, 우피는 브로드웨이에서 1인 여성극으로 히트를 쳤고, 이후 스필버그의 영화 「컬러 퍼플The Color Purple」에서 주연을 맡았다.

넬슨 만델라Nelson Mandela는 인종평등운동을 펼치다 남아프리카의 로벤섬 교도소에 수감되어 27년을 복역했다. 만델라의 투옥으로 정부는 아파르트헤이트(인종차별 정책)를 종식시키고 그를 석방하라는 압력을 받았다. 석방 후 만델라는 남아프리카 공화국의 대통령으로 선출되었다.

원칙을 고수했다는 이유로 27년 동안 감옥 생활을 했다는 게 상상이 되는가? 이것이 바로 세상이 그를 인정하고, 사랑하고, 존경하고, 감사하는 이유이다. 그리고 그는 역사상 가장 위대한 사람 중 한 명으로 기억될 것이다.

한 가지 더 예를 들어보겠다. 1995년, 미국의 슈퍼맨 크리스토퍼 리브스Christopher Reeves는 승마를 하다 떨어져 하반신이 마비되었다. 의사들은 그에게 평생 움직이지 못할 것이라고 말했다. 크리스는 가족들이 고통

받는 걸 더 이상 볼 수 없어 죽으려고 했다. 그런데 세 살짜리 아들이 그의 가슴으로 기어 올라와서 입을 맞추며 "아빠, 사랑해요. 아빠가 필요해요."라고 말했다. 그는 이 말에 힘을 얻고 계속 삶을 이어갔다. 크리스는 아내 다나와 함께 매일 집중적인 물리 치료를 받았고 근육을 강화했다.

2004년 사망하기 전, 그는 인간 배아 줄기세포 연구를 포함한 척수 손상 연구와 장애인을 위한 더 나은 보험 혜택을 위해 적극적인 사회활동을 벌였다. 누가 봐도 그는 진정한 슈퍼맨이었다.

오늘날 세상의 모든 노련한 리더와 사상가는 훌륭한 문제 해결사이다. 그들은 모든 문제에는 대가가 있다는 것을 잘 알지만 어쨌든 그들의 목표를 달성하기 위해 노력한다. 왜냐하면 모든 문제가 무언가를 되돌려주고 세상을 더 나은 곳으로 만들어주는 기회라는 것을 알기 때문이다.

### 아먼드 해머의 예

≫ 존 브라이슨John Bryson은 그의 저서 『아먼드 해머의 세상The World of Armand Hammer』에서 "할 수 있다can-do" 정신을 가진 인물을 소개한다.

1921년, 의대를 갓 졸업한 23세의 아먼드는 그의 제약회사를 200만 달러에 팔았다. 러시아는 제1차 세계대전과 러시아 혁명, 그 이후의 내전을 겪으며 격동의 시간을 지나고 있었다. 아먼드는 러시아 사람들이 고통받고 있다는 소식을 들었다. 그는 17만 5,000달러 상당의 의료 장비와 보급품을 구매한 후 러시아로 떠났다.

의과대학 시절 인간의 고통에 대해 충분히 알았다고 생각했지만 그는 전쟁의 여파를 목격하고 큰 충격을 받았다. 굶주린 아이들은 뼈만 앙상했다. 죽은 사람들의 옷은 벗겨져서 재사용을 기다리는 사람들에게 건네졌다. 부모들은 목숨을 부지하기 위해 식구를 잡아먹었다.

아먼드는 여행하면서 러시아에는 유형 재화가 많지만 그것들을 팔 사람이 없고 유통 체계도 발달되어 있지 않다는 것을 발견했다. 그 당시, 미국산 곡물은 부셸당 1달러에 팔리고 있었다. 아먼드는 러시아 정부에 "저에게 100만 달러가 있으니, 곡물을 100만 부셸을 사서 보낼게요. 배가 들어올 때마다 내가 팔 수 있는 물품을 실어서 갚으세요."라고 말했다.

러시아 지도자들은 놀라긴 했지만, 고맙게 여겼다. 그해 말, 아먼드가 러시아로 돌아왔을 때, 소련의 지도자 레닌이 아먼드를 직접 만났고 그에게 소련과 사업을 하는 최초의 외국인 사업가가 될 것을 제안했다.

아먼드는 여기에 동의했고, 세계에서 가장 부유하고 인맥이 좋은 사람 중 한 명이 되었다. 레닌은 아먼드에게 이렇게 말했다. "우리에겐 의사가 필요 없습니다. 사업가가 필요할 뿐이에요."

아먼드는 34가지의 허가권을 받았고, 그중 하나는 포드 트랙터를 러시아로 들여오는 계약이었다. 이로 인해 러시아의 농업이 크게 개선되었다.

## 위대함을 위해

≫ 당신은 자기 자신에게 이렇게 물을 것이다. "어떻게 하면 그들이 한 것을 나도 할 수 있을까?"

아먼드는 완전히 압도되어 집으로 돌아갈 수도 있었다. 그 대신, 그는 한 번에 한 걸음씩 올바른 방향으로, 그리고 또 한 걸음, 또 한 걸음 나아갔다.

난 당신도 그렇게 하길 권한다. 어떤 문제에 압도당했을 때, 한 번에 5분씩 인생을 살기로 마음을 먹어라. 장기적이고 때로는 압도적인 계획에 대해 생각하는 대신, 다음 5분에 집중하라. 그 시간을 오롯이 자기 자신에게 만족과 성취를 가져다주고 목표를 향해 나아가는 일에 써라. 당신이 자기 자신에게 사용하는 매분, 매시간은 밖에서 기하급수적으로 불어나 당신을 위해 작용할 것이다.

현명하게 사용하는 이 5분을 어떻게 하루 전체로 바꿀 수 있을까? 성공은 시간을 어떻게 쓰느냐에 달려 있다. 매일 우리는 행복, 건강, 돈, 우정, 정신적 진화를 창조하고, 영혼을 되살리고, 정신적 능력을 증가시켜야 한다. 매일 하루에 할 수 있는 일이지만, 시간을 적절히 활용해야 한다.

다음으로 적용할 수 있는 실천 방법은 당신의 하루를 위대함을 위해 사용하는 것이다. 모든 사람은 지구상에서 가장 부유하고, 현명하고, 행복한 사람과 같은 시간을 가지고 매일 아침 일어난다. 우리에게는 모두 24시간이 주어진다. 우리가 그 시간으로 무엇을 하느냐에 따라 천지 차이의 변화가 일어난다.

시간의 가치는 돈보다 더 크다. 이 말을 의심하는가? 몇 시간밖에 살지 못하는 아버지에게 물어보라. 아이들이 아직 어려서 그는 아이들이 학교를 마치는 것도 보지 못할 것이다. 그에게 돈이 시간보다 더 가치가 있을까?

시간은 매 순간이 기적이다. 아침에 일어나면, 기적이 기다리고 있다. 이 24시간짜리 우주의 구성 요소로 무엇을 해야 할지는 당신에게 달려 있다. 아무도 당신의 시간을 빼앗을 수 없다. 그 시간은 모두 당신의 것이다.

시간은 모든 사람에게 똑같이 주어진다. 성공하는 사람에게 추가 시간이 주어지는 것도 아니다. 시간을 막 써버린다고 해서 잃는 것도 아니다. 시간의 빚을 진다는 것도 불가능하다. 내일의 시간을 오늘 낭비할 수는 없는 일이다. 그저 현재 순간을 가장 적절하다고 생각하는 방향으로 사용하면 된다. 캐빗 로버트는 이렇게 말했다. "시간을 허비하는 일은 범죄다. 그건 살인이다."

당신의 인생은 시간을 얼마나 올바르게 활용하느냐에 달려 있다.

어떻게 똑같은 24시간을 사용하여 시간 가난뱅이가 시간적 자유를 얻을 수 있을까? 그 방법은 남는 시간을 올바로 사용하는 것이다. 종종 허투루 방치된 여가 시간이 우리 인생을 훨씬 더 낫게 바꾼다.

전신 기사였던 토머스 에디슨은 남는 시간을 발명품을 구상하고 창안하는 데 사용하여 나중에 특허를 내고 수백만 달러를 벌게 되었다.

여분의 시간을 창조하는 데 사용하라. 속도의 변화로 자극을 받았을 때 우리의 정신은 원활해진다. 자극을 갈망한다. 이제 좀 더 크게 생각하라. 아무리 삶이 무난하게 흘러간다고 느끼더라도, 이보다 더 좋아질 수 있다. 다른 사람들이 잠재력의 일부만을 사용하는 동안 당신은 더 크게 생각하고 절정의 삶을 누릴 수 있다. 낭비 없이 알차게 사용하는 매시간이 당신의 인생에 놀라운 가능성을 더할 것이다.

다른 사람들이 신문을 읽으며 보내는 아침 시간의 10분은 어떤가? 이 시간을 지식을 얻거나 목표를 향해 일하면서 보낼 수 있는가? 운동하는 데 투자하는 시간은 어떤가? 달리거나 걷거나 혹은 자전거를 타는 동안 오디오 녹음을 들을 수 있다면 두 배의 보상을 받게 된다. 퇴근해서 집까지 운전하는 시간은 어떤가? 운전을 하면서 오디오를 들을 수 있다. 대중교통으로 출퇴근을 한다면 책을 읽거나 목표, 계획, 전략에 관해 적는 시간을 가진다. 저녁 시간은 어떤가? 시트콤을 보면서 시간을 보내는가? 그 시간을 삶을 더 발전시키기 위해 사용하는 것은 어떨까?

## 시간을 낭비하는 10가지 방법
≫ 다음은 가장 시간을 낭비하면서 보내는 10가지 예이다.

1. 무의미한 관계를 지속한다. 따라서 자기 자신을 분석하고 스스로 결단하고 구제하지 못한다. 사람은 자신이 어울리는 사람들처럼

되기 때문에 더 나아지기 위해서는 당신보다 더 나은 사람들과 어울려야 한다. 만약 당신이 어울리는 사교 집단에서 당신이 가장 잘나가는 사람이라면, 당신은 호랑이 없는 정글의 토끼이다.

2. 자신이 누려야 할 특권보다 못한 삶을 산다. 이 상황은 자신의 가능성을 잘 알고 있지 못할 때 발생한다. 더 크고 고무적인 목표를 세우고, 완전히 목적에 충만한 삶을 누려라.

3. 시간을 통제하기보다는 시간의 통제를 받는다. 하고 싶은 일과 그 일에 들어가는 시간을 정확하게 적어라. 파킨슨의 법칙에 따르면, "시간을 다 소진할 때까지 일을 미루게 된다."

4. 미리 전화 회의 일정을 잡고 취재할 노트와 자료 파일을 준비해 놓는 게 아니라 모든 전화를 받는다.

5. 자기 자신을 지나치게 혹사하면서, "아니, 지금은 안 돼. 상황이 바뀌면 다시 전화할게."라고 말하지 못한다.

6. 자금이 부족하여 일의 속도가 느려지고 창의력이 도태된다.

7. 완벽한 생계 수단을 꾸릴 수 있는 꿈의 직업으로 빠르게 도달하는 것을 택하는 대신, 아무런 희망이나 가능성이 없는 일에 집착한다. 장래성이 없는 직업은 영혼의 생명력을 빨아들인다.

8. 욕망과 야망이 부족하기 때문에 활기 따위는 찾아볼 수가 없다.

9. 자기 자신의 꿈과 목표 대신 다른 사람의 꿈과 목표를 성취하며 산다.

10. 아무 생각 없이 바보상자 텔레비전을 본다. 난 TV 보는 것을 반

대하는 것이 아니다. 물론 동기를 부여하고 위대함으로 이끌어 줄 TV 프로그램도 분명 있다. TV는 가정 내 오락의 중심이고, 마음의 87퍼센트는 시각적인 걸 지향하기 때문에, 우리는 TV 속에 빨려 들어갈 수밖에 없다. 미리 편성표를 확인한 다음, 보고 싶은 프로그램을 우선순위대로 시청하되, 신중하게 프로그램을 선택한다.

아이들이 어려서 내가 관리하지 않으면 안 될 시기에, 아이들은 일주일에 두 시간만 TV를 볼 수 있었다. 아내와 나는 그들의 마음을 자극해서 좋은 생각을 불러일으킬 수 있는 유익한 TV 프로그램만을 골랐다. 아이들은 지금까지도 TV 프로그램 선정에 매우 신중하다.

무엇을 볼지 지금 당장 결정하라. TV가 당신을 집어삼키게 내버려두어서는 안 된다. 많은 사람이 무의식적으로 행동한다. 집에 돌아가서, TV를 켜고, 소중한 많은 시간을 증발시켜 버린다. 반면 누군가는 내가 TV를 보고 즐기는 프로그램을 만들어 엄청난 돈을 번다. 시간을 죽이는 사람은 자신의 잠재력도 죽이고 있다. 성공하려는 사람은 매 순간을 소중히 여기고 잠재력을 충분히 활용한다.

### 충전할 시간 갖기

≫ 하릴없이 시간을 보내는 것과 재충전할 시간을 갖는 것에는 큰 차이가 있다. 재충전할 시간을 갖지 않는 것은 시간을 죽이는 것과 전혀

다를 바가 없다. 당신의 그 많은 잠재력과 창의력을 그저 흘려버려서는 안 된다.

사람들은 일단 어느 정도 성공을 거두면, 매일이 훨씬 더 순조롭게 지나가리라 생각한다. 그리고 스스로에게 말한다. "난 언젠가는 성공해. 삶은 지금보다 훨씬 나아질 거야. 난 다시는 불안해하며 걱정하지 않을 거야."

그런데 이걸 알아야 한다. 아무리 성공한 사람이라도 매일 걱정거리는 있다. 심지어 가장 성공한 사람들조차도 일정 기간 동안만 긍정의 마음을 유지한다. 그러므로 우리는 끊임없이 배터리를 충전해야 한다.

우리가 정신을 최대한 활용하려면 플러그를 꽂고 충전해야 한다.

내 동료이자 친구인 댄 설리번은 세 가지 종류의 시간이 있다고 말한다.

첫째는 일하는 시간으로, 돈을 벌고 삶을 유지하는 데 필요한 모든 활동을 하는 시간을 말한다. 이 시간은 전체의 80퍼센트를 차지한다.

둘째는 '청소' 시간이다. 이 시간에 모든 지저분한 일들, 가족 문제, 재정적 문제, 정신적 문제, 사회적 문제를 해결한다. 짐을 가볍게 하기 위해선 정리를 해야 한다. 이때 골칫거리를 털어버리고 스트레스를 줄이는 것이다.

셋째는 회복 시간으로, 기분을 전환하고 활력을 되찾는 시간을 말한다. 댄은 24시간, 즉 자정부터 자정까지 업무상 전화나 읽을거리를 피하고 자기 자신을 제외한 다른 사람의 방해를 받지 않는 시간을 가져야 한다고 조언한다. 일에 대해 생각하거나 말도 해서는 안 된다. 취미 활동을 하거나 일 생각을 멈추게 하는 그 무엇인가를 하면서 시간을 보내는 거다. 그렇게 충전을 한 후 다시 일상으로 복귀한다. 아마 새로 태어난 느낌을 받을 것이다.

게다가 직면했던 10가지 문제 중 7~8개가 저절로 사라졌다는 것을 알게 될 것이다. 나머지 세 개는 용기, 엘랑 비탈élan vital(항상 새로운 자기를 형성하기 위하여 생명의 내부에서 분출되는 힘. 베르그송의 용어로, 그는 이 힘을 생명의 본질로 규정하였다), 처세술을 통해 아주 쉽게 해결할 수 있을 것이다.

배터리를 양+의 충전 상태로 유지하는 능력은 자신감을 높여 준다. 자신감이 증가하면 다른 모든 면도 함께 증가한다. 재충전을 원할 때는 오디오나 책, 세미나, 영화, 자신의 드림팀, 그리고 긍정적인 친구들을 활용하면 그 효과는 배가 된다.

나는 치과의사인 지미 웨버Jimmy Webber 박사와 그의 가족과 함께 애팔래치아 트레일을 하이킹하곤 했다. 그 친구는 항상 이렇게 말한다. "거의 다 왔어. 이제 조금만 더 가면 돼."

숨을 헉헉거리며 이 험난한 등반에서 이제 겨우 산 중턱에 올라왔을 뿐인데. 그래도 기운을 북돋우는 친구의 말은 실제로 효과가 있었다.

우리에겐 계속 나아가기 위한 일종의 응원이 필요하다. 우리가 일일 계획 또는 주간 계획을 세울 때 휴식 시간도 따로 비워둬야 한다. 우리에겐 더 많은 휴식 시간이 필요할지도 모른다.

과거에는 일주일에 6일을 일하고 하루를 쉬었다. 그때는 대부분 육체노동이 주였지만 오늘날 우리는 정신노동에 시달린다. 당신이 정신노동자라면 더 많은 자유 시간이 필요하다.

연구에 따르면 그 사실이 입증되었다. 일주일에 한 번 일상적인 비즈니스 활동에서 벗어나 휴식을 취하면 기분이 회복되어 획기적인 아이디어를 하나씩 낼 수 있다고 밝혀졌다.

2번의 휴가를 보내면 일과 삶에 도움이 되는 획기적인 아이디어가 2개가 생긴다. 흥미롭고 신기하지 않은가? 하지만 효과는 확실하다. 나는 매달 1주일씩 휴가를 내고 있는데, 그래서 그런지 하는 일이 그 어느 때보다 잘되고 있다.

당신이 자기 자신에게 사용하는 매분, 매시간은 밖에서 기하급수적으로 불어나 당신을 위해 작용한다. 미처 자신이 깨닫기도 전에 더 빨리 보상을 받기 시작할 것이다.

다음 장에서는 무한한 기회에 대해 살펴보겠다. 새로운 눈으로 보는 법을 배우고, 자신이 수확할 수 있는 것보다 더 많은 기회가 있다는 것을 발견하게 될 것이다.

# 무한한 기회를 알아차려라

난 세계를 여행하면서, 예상치도 못 했던 돈을 벌 기회를 잡은 적이 있다. 말레이시아에 갔을 때였다. 누군가의 차를 타고 쿠알라룸푸르에서 가장 큰 주택단지 옆을 지나고 있었다. 그 단지는 말레이시아에 처음으로 비자카드와 마스터카드 프랜차이즈를 들여온 사업가의 소유였다.

나는 그런 사업이 있는지도 몰랐다. 내가 이 사례를 여기서 공유하는 이유는 『석세스 매거진』, 『포브스』, 『포춘』, 『앙트레프레너』, 『셀링 파워』와 같은 정기 간행물을 읽을 때, 자신이 사는 도시나 주 또는 지역에 이런 프랜차이즈를 인수할 가능성이 있는지 고려해 보라는 것이다. 초고속 이동 수단과 가상 비즈니스가 이미 발달한 오늘날, 지리적인 것은 크게 문제가 되지 않는다. 당신에게 중요한 인맥이나 동료, 관련자가 있는 경우, 일은 더욱 쉬워진다.

H. L. 헌트H. L. Hunt는 텍사스 출신의 최초의 석유 억만장자 중 한 명이었다. 어떻게 억만장자가 됐느냐고 물었을 때, 그의 대답은 간단했다. (1) 원하는 것을 결정하라. (2) 그것을 얻기 위해 무엇을 희생해야 할지 결정하라. (3) 마음을 정하고 그것을 하라.

우리는 1930년대 대공황의 늪을 지나 표현의 절정 시기-마치 르네상스와도 같은-에 이르렀다. 그 당시에는 아무도 자신이 르네상스 시기에 있다는 것을 인식하지 못했다. 오늘날에도, 사람들 대부분은 눈앞에 두고 있는 엄청난 기회와 힘을 알아채지 못한다. 왜 르네상스가 이제 와서 이렇게 특별한 걸까? 이제 산업경제는 무한하고, 빠르게 변화하며, 멈출 수 없는 가상경제, 즉 인터넷과 디지털 혁명에 의해 힘을 얻고 있다. 우리는 여기서 아이디어를 찾아야 한다.

일단 크게 생각하는 것에 눈을 뜨면, 인생의 모든 것이 기회로 보인다. 우리는 깨어 있어야만 하고, 머리와 감각을 사용하여 채널을 맞추고, 집중하여, 우리 앞에 놓인 기회가 무엇인지 살펴야 한다.


### 미소와 구두닦이

≫ 세계에서 가장 구두를 잘 닦는 사람, 질 라이트Jill Wright를 소개하려고 한다. 그녀는 반짝반짝 빛나며 활기가 넘치는 사람이다. 태도는 흠잡을 수 없을 정도로 친절하고 성격도 쾌활하며 낙천적이다. 그녀의 가족 중에는 데일 카네기 강사가 있었고, 그래서 그런지 가족 모두는 훌륭한 인간관계를 맺는 방법을 터득했다.

그녀는 콜로라도 주 덴버와 노스캐롤라이나 주 샬럿 공항에 구두닦이 회사인 이그재큐티브 샤인Executive Shine을 소유하고 있다. 이그제큐티브 샤인 웹사이트에서는 회사를 이렇게 소개하고 있다.

"질은 팀을 소중하게 대하고 모든 관계에서 사랑을 우선시한다. 그녀의 직원은 세계에서 가장 충실하고 헌신적인 전문가들이다."

질은 그녀의 고객들이 외롭고, 스트레스를 많이 받으며, 복잡한 일에 시달리고, 가족이 아닌 누군가와 이야기할 상대가 필요하다고 말한다. 고객들을 따분한 분위기에서 빨리 벗어나게 하기 위해 질은 "골치 아픈 주제에서 즐겁게 이야기할 수 있는 주제로 빠르게 전환"하는 것이 중요하다고 설명한다. 예를 들어, 고객에게 도움을 요청하는 것이다. "휴가 계획을 짜는 중인데요…"라고 운을 떼면서 고객에게 가장 좋았던 휴가 경험을 말해달라고 요청한다. 그러면 고객은 고통스러운 스트레스에서 벗어나 순식간에 즐거운 생각에 빠지게 된다. 거기다 구두가 깨끗해지는 상쾌함까지 더해지면, 고객의 에너지는 순식간에 긍정적으로 바뀐다.

질은 어떻게 현명하게 고객을 접대해야 하는지 잘 알고 있고, 그녀의 팀에게도 이것을 가르친다. "가장 수입이 많은 팀원들은 애완동물이나 날씨, 스포츠, 사업과 같은 주제에 대해 이야기하면서 고객의 에너지를 부정적인 것에서 긍정적인 것으로 전환하죠. 완전 달인들입니다. 저는 고객과 직원들을 모두 존경해요. 저는 제가 대접받고 싶은 대로 그들을 대합니다."라고 그녀는 말한다.

질의 팀은 100만 켤레가 넘는 구두를 닦았다. 고객 대부분이 단골인데, 한번 전문가의 손길을 받아 반짝이는 구두를 보게 되면 다른 구두들도 그렇게 닦지 않고는 못 배기기 때문이다. 많은 고객이 자신의 구두를 닦아주기 바라며 너도나도 그녀 앞에서 구두를 벗는다.

한 회사의 오너는 그녀를 너무 좋아한 나머지 매주 FedEx를 통해 선불로 그의 신발을 배송하고 돌려받는다. 이것만 봐도 질의 미소가 얼마나 위대한 힘을 지녔는지 알 수 있다. 또한 질의 사업은 입소문을 타고 계속 번창하고 있다.

질과 그녀의 팀은 고객을 위해 편안하면서도 안락한 의자를 마련해

두었다. 그녀는 5달러 상당의 이 의자를 호텔 체인에서 구입한 후 인체공학적으로 개조했다. 의자에 앉는 즉시, 고객은 자신이 왕처럼 대접받고 있다고 느낀다. 고객이 의자에 앉아 있는 동안 팀원들은 오로지 해당 고객과만 이야기한다.

팀은 완벽하게 빛나는 구두를 위해 정확히 7단계의 과정을 수행한다. 현대에는 잘 볼 수 없는 방법도 사용하는데, 그중 하나는 광택제가 스며들도록 구두 위로 성냥불을 댕겨 광택제를 녹이는 것이다. 그런 다음 나일론으로 여러 번 닦아주면 구두가 거짓말처럼 반짝반짝 빛이 난다.

질은 첨단 기술 세계의 사람들은 신발에 무척 신경을 쓴다는 사실을 잘 알고 있다. 그녀는 지구상에서 가장 돈을 많이 받는 구두닦이일 것이다. 웬만한 CEO들보다 더 많은 돈을 벌고 있다. 그녀의 직원들 역시 그 누구보다 수입이 많은 구두닦이들이며, 수입의 80퍼센트까지 자신의 몫으로 가져간다.

그녀는 자기 일을 사랑하고 자랑스러워하며, 고객들과 친해지는 것을 즐긴다. 또한, 그녀는 내가 아는 한, 가장 많은 팁을 받으며 가장 많은 감사의 포옹을 받는 구두닦이기도 하다. 그녀는 사랑받는 기업가로서, 엄청난 가치를 제공하면서 기하급수적인 성장을 거듭하고 있다. 그도 그럴 것이 그녀가 일할 공항은 어디에나 있으니까.


다시 요약해 보면, 질은 그녀가 사랑하고 그녀를 사랑하는 사업을 골랐다. 여기에는 어떤 큰 스타트업 투자도 요구되지 않았다. 이건 누구나 할 수 있는 사업이며, 그녀의 기회는 무한하다. 당신의 기회도 마찬가지이다. 단지 시작하기만 하면 된다.

모든 성장은 인적 기반 서비스 사업에서 비롯되며, 관료주의보다는 기업가 정신에 의존한다. 일단 전문 서비스 기업의 마인드를 갖추면 무엇을 팔든지 승산이 있다.

역대 최고 부자는 단연 존 D. 록펠러 시니어John D. Rockefeller Sr.이다. 그는 크게 생각하기를 실천한 입지적 인물이다. 록펠러처럼 자수성가한 거물들은 항상 우리를 매료시킨다.

론 처노Ron Chernow는 록펠러의 전기,『타이탄Titan』을 썼다. 나는 이 책의 테이프를 여러 번 들었고 록펠러 마음을 읽을 수준까지 되었다. 나는 록펠러를 너무 존경한 나머지 그의 사진까지 간직하고 있다. "록펠러는 절약, 자립, 근면의 화신이며, 절대 쇠하지 않는 기업을 구현했다."고 처노는 적고 있다.

록펠러는 열심히 일해서 얻은 수입의 50퍼센트 이상을 저축하고 모든 지출을 꼼꼼히 기록했다. 그는 기회는 무궁무진하며, 자신과 같이 열심히, 스마트하게, 다르게 일하는 사람이면 누구에게나 이 기회가 제공된다고 믿었다. 그는 자신의 믿음을 따랐고, 그 믿음은 보답을 받았다. 당신도 그렇게 할 수 있다. 그리고 그 보답을 받을 것이다.

록펠러의 이름을 여러 건물과 기념물, 도서관, 대학교 등에서 찾아볼 수 있다. 특히 겨울의 스케이트장과 함께 뉴욕의 겨울을 화려하게 장식하는 록펠러 센터는 그의 이름을 딴 건물이다.

그는 세상을 바꾸고 큰 유산을 남기길 원했다. 그는 자신의 기회를 극대화하고 한 인간이 할 수 있는 한계를 뛰어넘었다. 그는 돈을 벌고, 돈을 불리고, 돈을 기부하며 모두의 본보기가 되었다. 그가 한 일은 기회에 눈을 뜨고 있었던 것뿐이었다.


### 다른 사람에 얽매이지 않기

≫ 행동을 거의 하지 않는 사람은 일반적으로 대부분의 시간을 남을 비판하면서 보낸다. 어쨌든 이들은 시간이 남아도는 것이다. 하지만 자신의 꿈과 목표를 좇는 사람들은 남을 비판할 시간이 없다는 것을 아는가? 이들은 자신의 꿈과 목표에 따라 생각하고 행동하는 것만으로도 너무 바빠서 남 일에 신경 쓸 시간이 없다. 남을 비판하기는 쉽다. 남을 비판하는 데는 특별한 노력이나 교육이 필요치 않다. 그러나 행동가가 되기 위해서는 용기, 끈기, 의심, 그리고 변화에 대한 의지 등 훨씬 더 많은 덕목을 필요로 한다.

비판하는 사람들은 흔하다. 어디에서나 볼 수 있고 찾을 수 있다. 행동가들은 흔치 않은 영웅들이다. 그러나 우리 사회는 비판하는 자들에게 일종의 존경을 표한다. 심지어 영화, 음식, 정부, 비즈니스, 스포츠 비평가들의 말을 듣기 위해 돈까지 지불한다. 왜 그럴까? 왜냐하면 밖에 나가 전쟁터에서 직접 행동하기보다는 다른 사람의 이모저모에 대해 딴지를 거는 것이 훨씬 더 쉽기 때문이다. 마음은 기본적으로 추악한 것에 끌린다.

남을 때려눕히기란 얼마나 쉬운가. 쌓는 것보다 무너뜨리는 것이 더 쉽다. 이 세상의 진정한 챔피언들은 다른 사람들을 비판할 시간이 없다. 대신 이 챔피언들은 자신만의 꿈을 펼치느라 바쁘게 움직이고 비난하는 자들을 압도해버린다.

챔피언은 다른 사람을 비난하지 않는다. 챔피언은 타인이 재능을 강화하고 훌륭해질 수 있도록 돕는다. 물론, 건설적인 비판이 필요할 때도 있다. 이 경우, 당신은 신뢰할 수 있는 드림팀의 이야기만 들어야 한다(드림팀에 대해서는 8장에서 이야기하겠다). 만약 당신의 참호 내에 있지 않거나 당신의 관심사를 염두에 두지 않은 사람들의 비판을 듣는다면, 당신은 실패를 준비하고 있는 것이나 마찬가지다. 당신의 꿈을 이해하고 지지하는 사람들의 비판에만 귀를 기울여야 한다.

예를 들어, 당신을 지적하는 가족의 말은 들어야 한다. 그들은 당신을 사랑하고 당신이 상처 입는 것을 보고 싶어 하지 않기 때문이다. 하지만 가족이 당신의 꿈을 완전히 이해하지 못하거나 비슷한 목표를 달성해 본 적이 없다면, 그들의 말을 듣지 않는 것이 좋다. 매정하게 들릴지도 모르지만, 그들은 당신을 도울 권리를 얻지 못했다.

또한, 전문 비평가라 자칭하는 이들도 무시해야 한다. 과거의 한계에 대해 자신과 다른 사람들을 무시하고 앞으로 나아가라. 그리고 당신을 도울 권리를 노력해서 얻은 사람들을 찾는 데 시간을 보내라.

## 자기 자신을 제한하지 않기

≫ 이제 당신의 삶에서 방해꾼들을 몰아냈으니, 자기 자신을 제한하지 말라. 우리에게 한계가 없다면, 잠재력은 우리가 상상했던 그 어떤 경험보다 높게 도달한다. 우리에게 유일한 한계란 우리가 우리 자신에게 강요하는 한계뿐이다. 살아 있음은 우리가 생각했던 것보다 더 크게 생각할 수 있는 유일한 허락이다.

한 대형 인터넷 회사 관계자가 한 사업가에게 접근해 그의 정보 제품에 대한 디지털 저작권을 요구했다. 그 사업가는 자신의 변호사에게 가 "내 정보의 온라인 배포를 그들에게 맡기는 일은 절대 없을 것"이라고 말하며, "그만 두라"고 그 회사에 전해달라고 했다. 그 인터넷 회사는 그저 그 사업가에게 또 하나의 수입원을 제안한 것이었다. 하지만 온라인 배급은 그 사업가가 생각한 적이 없었기 때문에 그는 부정적으로 반응했다. 당시 그 인터넷 회사는 하루에 3억 1,000만 회의 검색 수를 기록했고 그 수는 이후 계속 올라갔다

이 사업가는 전자매체라는 아이디어를 감당할 수 없었던 것이다. 그는 늘 똑같은 오래된 방식으로 사업을 운영했다. 그는 신규 시장에 사업을 확장할 때가 되었을 때, 똑같은 오래된 사업 방식을 지원하기 위해 새로운 장비에 4,000만 달러를 투자했다.

한계를 두어서는 안 된다. 다른 잠재적 시장을 위해 더 크게 생각하고 틀에서 벗어나도록 노력하라. 떠오르는 아이디어를 두려움 때문에 몰아

내지 말고 가능성을 열어두라.

이 남자의 비전은 오직 하나였다. "나는 1년에 1억 달러를 벌고 있고, 계속 1억 달러를 벌 거야. 왜 다른 일을 해야 해?"

그러나 그의 산업은 모든 산업이 그렇듯이 변화하고 있고 시장은 모두 전자 매체와 전자 상거래로 향하고 있다. 이 남자는 인터넷의 가장 큰 플레이어들과 겨룰 수 있는 합법적인 기회를 받아들이기는커녕, 지레 겁을 먹고 수십 억의 수입을 가져갈 수 있는 기회를 놓쳐버렸다.


이것을 알아두라. 사람은 절대 한 곳에 머무를 수 없다. 더 확장된 결정을 내리거나 더 축소된 결정을 내리거나, 둘 중 하나다. 당신은 어느 방향으로 움직일 것인가?

한 보험 대리인이 있었다. 그는 생계를 유지하는 데 어려움을 겪고 있었다. 사무실과 직원들도 있었지만, 생산성은 부진했다. 그는 업계 컨설턴트에게 가서 돈을 벌려면 얼마나 더 팔아야 하는지 물었다. "더 많은 돈을 벌려면 판매를 늘리거나, 비용을 없애야 합니다."라는 대답이 돌아왔다.

그 보험 대리인은 이렇게 대답했다. "그럼 제가 직접 청소 일을 할게요. 일주일에 한 번 직원 7명을 위해 청소 일을 하면 거기에 대한 돈을 쓰지 않아도 되잖아요. 그러면 판매를 늘리지 않아도 되고요."

이런 결심은 그의 마음을 편안하게 했다. 그는 판매를 늘리기 위해 광고나 교육, 추가 노력에 더 이상 돈을 쓰지 않았다. 그러나 결과는? 이 보험 대리인은 자신의 사업을 망쳤다.

## 자기실현적 예언

≫ 자기실현적 예언은 긍정적일 수도 부정적일 수도 있다. 여기 긍정적인 자기실현적 예언을 보여주는 좋은 예가 있다.

언젠가 보스턴 필하모닉 오케스트라를 지휘하길 꿈꿨던 한 사업가가 있었다. 사업이 잘되자 그는 용기를 내어 오케스트라를 고용하고 지휘를 위한 적절한 교육도 받았다. 그리고 모든 친구를 초대하고 2,000명이 넘는 관객 앞에서 성공적으로 공연을 마쳤다. 언론은 이 이야기를 대서특필했고, 그는 전 세계 신문의 1면을 장식했다.

마음속 깊이, 우리는 모두 가장 열망하고 갈망하는 목표를 실현하고 싶어 한다. 유일하게 우리를 멈추게 하는 것은 우리 자신이다.

개인적인 예를 하나 들어볼까 한다. 내가 세운 6,000개의 목표(그중 1,587개 달성) 중 하나는 할리우드 파티에 초대받는 것이었다. 지금 나는 LA 지역에 살고 있어서 이 목표가 그리 어려운 일도 아니었지만, 한 번도 초대받은 적이 없었다.

아내와 나는 매년 다시 결혼한다. 결혼 기념일마다 결혼 서약서를 쓰고 목사님 앞에 선다. 그래서 생각한 것이, 할리우드 파티에 초대받지 못할 바엔, 차라리 내가 할리우드 파티를 열기로 한 것이다. 어떤 해였는데, 우리는 가수 더 셔를스The Shirelles를 섭외했고, 그들은 500명의 친구와 고객들 앞에서 유명한 히트곡 「예배당으로 가요Goin' to the Chapel」를 불렀다.

그런데 놀랍게도, 그들은 게스트 연예인을 데려왔다. 바로 템테이션스Temptations의 메인 가수인 리처드 스트리트Richard Street였는데, 그도 자신의 모든 히트곡을 불러주었다. 그가 더 셔를스를 다시 소개할 때 배리 화이트의 목소리를 흉내 내며 "슈프림스가 있기 전, 더 셔를스가 있었습니다."고 말하자 관객들은 열광의 도가니에 빠졌다.

절대 한계를 두지 말라. 당신이 원하는 진짜 마법을 부릴 수 있는 재정적인 수단을 어떻게 손에 넣을 수 있을지 찾아보라. 지금은 비극 속에 살지 모르지만, 이것이 마법이 될 수 있도록 목표에 집중하고 열망에 불을 붙여라.

### 추진력 개발

≫ 일단 방해꾼들과 제한적인 생각을 극복했다면, 이제 어떻게 추진력을 개발할 수 있을까?

이 부분은 쉽다. 하루에도 여러 번, 단순히 원하는 목표에 대해 생각하면 된다. 목표를 더 원하고 믿을수록 끌어당김의 힘은 더 강해진다. 아무리 작은 사건이나 징후라도 자신의 뜻대로 흘러간다면, 감정이 꿈을 따르고, 목표를 믿고, 행동을 취하도록 추진력에 추진력을 더하라.

꿈과 목표에 대한 당신의 감정이 행동을 따를 것이다. 꿈에 대해 더 좋게 느끼기 위해서는, 꿈에 대해 더 열정적으로 말하고 행동해야 한다. 당신이 열정적으로 걷고, 말하고, 행동하고, 냄새를 맡고, 느끼고, 본다면, 당신은 열정적인 사람이 되는 것이다.

열정enthusiasm의 마지막 글자, I-A-S-M은 "I Am Sold Myself(능력을 발휘하다)"의 다른 말이다. 언젠가 캐빗 로버트는 "당신이 확신할 때, 당신은 믿음이 된다."라고 말한 적이 있다.

당신은 세미나에 참석해야 하고, 오디오를 들어야 하고, 크게 생각하는 사람들과 어울려야 하고, 긍정적이고 영감을 주는 책들을 읽어야 한다.

짐 론은 일주일에 책 두 권을 읽어야 한다고 말한다. 독서로 얻는 인풋(지식, 조언 등의 투입)이 없으면 스루풋(처리, 처리량)도, 아웃풋(결과물)도 없다. 인풋의 질에 따라 아웃풋의 질이 결정된다.

나는 닥치는 대로 읽고 닥치는 대로 듣는 성향이기 때문에 아이디어에 아이디어가 더해져 아이디어를 팔 수 있는 수준까지 왔다고 생각한다. 나는 더 높은 사고를 소비하는 기계다.

## 무한 공급

≫ 크게 생각하는 방법을 익히고 나면 아무리 큰 수요라도 채울 수 있는 무한한 공급이 가능하다는 사실을 알게 된다. 당신 앞에 특별한 일이 다가올 것이라고 왜 기대하지 않는가?

『USA 투데이』는 네브래스카 주 링컨에 있는 2명의 미술품 수집가에 대한 이야기를 전했다. 그들은 모네의 복제품을 사려고 225달러를 지불했는데, 알고 보니 진품이었다는 기사였다. 「젠빌리에 제방의 보트들Boats on the Banks of Gennevilliers」이라는 제목의 작품이었는데, 원래 뉴욕 수집가가 소유하고 있다가 오마하 컨트리클럽에 팔았고, 그 이후 행방이 묘연했다. 웨인 랭킨Wayne Rankin과 프레드 니만Fred Niemann이 골동품 가게에 들어갔을 때, 가게 주인은 이 그림이 복제품이라고 말해주었다. 그래도 그들은 이 작품이 적어도 225달러의 가치가 있다고 생각했고, 이 그림을 샀다. 그들이 이 그림을 이베이에 경매했을 때, 최고 낙찰가는 180만 달러였다.

무한 공급이란 당신이 매의 눈을 가지고 있다면 위대한 수집가의 작품을 찾을 수 있고 200달러를 거의 200만 달러로 바꿀 수 있다는 것을 의미한다. 만약 이런 일이 다른 사람에게 일어날 수 있다면, 당신에게도 일어날 수 있다.

조 샤르본느Joe Charbonneau는 위스콘신 주에서 칠면조를 기르는 농부였다. 그러다 24세의 나이에 중서부에서 가장 큰 보험회사의 소유주가 되었다. 그 이후로 그는 국제적인 교육 회사를 설립하고 96가지의 시청각 교육 교재를 출시했다.

조에 대해 좀 더 설명하자면, 그는 1981년에 북미, 유럽, 아프리카 전역에 걸쳐 110개의 프랜차이즈를 갖고 있었다. 회사는 1만 평방피트에 달하는 시설과 오피스 공간, 자체 인쇄 회사, 고속 카세트 복제 시스템을 갖추었고 세계 여러 곳에 흩어져 있는 지사에서 돈이 쏟아져 들어왔다. 그런데 그 해에 금리가 19~20퍼센트까지 치솟으면서 그의 사업은 완전히 망해버렸다. 어느 날 그는 시카고의 공항에서 파산에 처한 자신의 모습을 발견했다. 남은 돈도 없었고, 이제 어떻게 해야 좋을지 막막했다.

이때 조는 자기 자신에게 물었다. "내가 뭘 할 수 있을까? 우리 상품은 진짜 좋은데. 어떻게 하면 이 끔찍한 위기 속에서 우리 개인 사업자들이 살아남을 수 있도록 도울 수 있을까?"

그의 고객 중에 공구 전용 대형마트 체인인 에이스 하드웨어Ace Hardware가 있었다. 그는 이 업체를 방문하기로 결정했다. 에이스 하드웨어와의 만남에서 그는 자신의 교육 시리즈를 매장에서 팔겠다고 제안했다. 이 테이프 시리즈는 500달러였는데, 벤더들은 이 상품을 250달러에 도매로 살 수 있었다. 조는 이 테이프를 개당 19달러 95센트에 판매하고 도매가 이하로 보장된 가격으로 12개월 동안 매달 테이프를 보내겠다고 에이스 하드웨어 담당자에게 말했다. 그는 사정이라도 할 생각이었지만, 담당자의 대답은 의외였다. "좋습니다. 아주 좋아요. 언제부터 시작할까요?"

조는 에이스 하드웨어를 나서면서 에이스 하드웨어보다 더 큰 클라이언트가 있다는 것을 깨달았다. 바로 트루 밸류 하드웨어True Value Hardware였다. 그는 트루 밸류 사장인 댄 코터Dan Cotter에게 전화를 걸어 자신이 한 일을 설명했다. 이 말은 들은 댄은 이렇게 말했다. "당신이 에이스에서 그렇게 했다면 우리 쪽에서는 더 잘할 수 있을 거요."

트루 밸류는 매장이 9,000개나 되었다. 조는 자신이 방금 어떤 굉장한 시스템을 발견했다는 사실을 깨닫기 시작했다. 그는 또 아메리칸 하드웨어American Hardware에 갔고, 결국 테이프당 19달러 95센트에 100만 달러어치의 테이프를 팔았다. 조는 사람들이 교육을 받고 싶지만, 교실이나 학교 형태의 강의를 들을 충분한 시간이 없다는 것을 깨달았다. 그는 이 기회를 잡아 미국에서 가장 큰 개인 브랜드의 교육 회사를 설립했다.

월리엄 셰익스피어는 이렇게 썼다. "온 세상은 무대이고, 모든 여자와 남자는 배우일 뿐이다."

우리들 대부분은 인생에서 주연과 조연을 구분하지 못한다. 자신의 삶을 적극적으로 바꿀 수 있는 주연과 그렇지 못한 조연과의 차이를 구분하는 것이 중요하다. 조는 주연을 찾았고 이것을 바탕으로 거대한 사업을 건설했다.

월마트Walmart와 샘스 클럽Sam's Club의 설립자이자 창시자인 샘 월튼Sam Walton은 "고객은 왕입니다. 그들은 우리 중 누구든 마음에 들지 않으면 언제라도 해고할 수 있고 우리가 판매하는 걸 원치 않는다고 결정해 버릴 수 있습니다. 따라서 우리 회사의 모든 직원은 매일 고객 서비스 업무를 한다고 해도 과언이 아닙니다."라고 말했다.

월튼은 아칸소 주 벤턴빌에서 시작해 미국의 소도시에 이어 전 세계의 소도시로 사업을 계속 확장해 나갔다. 미국 유통업체인 시어스Sears의 사장은 자신이 소매업계에서 터줏대감이라고 자부했지만, 샘 월튼의 생각은 달랐다. 그는 고객들의 심리를 정확히 파악하고 있었다. 그는 단순한 전략으로 소리 소문 없이 효과를 거두었다. 그 결과, 샘 월튼은 시어스는 물론 다른 유통업체들도 제치고 세계 최대의 소매업체가 되었다.

월튼은 업계 최초로 디지털 통신을 도입한 사람이다. 그는 저녁마다 전산 보고서를 읽었다. 그리고 어떤 매장에 대량으로 판매되는 물품이 있다고 확인되면 그 즉시 체인점 전체에 해당 제품을 배치했다. 그는 많은 양의 상품을 빠르게 옮길 수 있었기 때문에, 가장 낮은 가격으로 물품을 받았고, 종종 위탁 상품도 받았다.

월튼은 고객, 가족, 주주, 그리고 월마트 직원들에게 충실했다. 또한 그들을 이해했다. 일례로, 사람들은 매장 앞에 있는 보안요원을 두려워했다. 샘은 보안요원에게 평상복을 입게 하고 항상 미소를 짓도록 권고했다. 또한 고객을 직접 안내하고 지원하도록 했다. 도둑이 줄어들고, 수익은 다방면에서 증가했다.

다시 요점을 살펴보자. 샘 월튼이 증명했듯이, 만약 아칸소 주 벤턴빌에서 시작할 수 있다면, 당신도 어디에서든지 시작할 수 있다.

둘째, 현재 누가 시장을 점유하고 있는지는 중요하지 않다. 만약 당신에게 크고, 강력하고, 설득력 있는 비전이 있다면, 당신은 스스로 할 수 있다고 생각했던 것보다 더 큰 방법으로 성공할 것이다.

셋째, 오래된 모델에 적용된 새로운 사고, 새로운 아이디어, 새로운 마케팅은 언제나 필요하고 언제나 이긴다.

넷째, 샘 월튼과 같이 발빠른 야심가들은 항상 새로운 기술을 사용한다.

다섯째, 고객의 관심을 염두에 두고 전략을 구축한다면 절대 실패하지 않는다.

기회는 어디에나 있다는 것을 기억하라. 그러니 항상 큰 생각에 깨어 있으라. 다음 장에서는 큰 생각은 어디까지 확장되는지, 어디로 당신을 데려가는지 알려주겠다.

# 혁신을 통해 극대화하라

이 장에서는 혁신을 통한 극대화에 대해 설명하려고 한다. 우리는 특정 제품이나 서비스, 아이디어, 이익 또는 개성이 있는 "틈새시장"을 노림으로써 혁신을 이룰 수 있다. 어쩌면 당신은 사업을 운영하는 더 나은 방법을 알고 있거나, 끝없이 확장되는 세상에서 기술적 가능성을 찾을 수도 있다.

좋은 아이디어를 찾아 그것을 더 좋게 만드는 것은 혁신을 위한 좋은 방법이다. 난 이것을 "플러싱plussing"이라고 부르는데, 이것은 혁신을 최대한 활용하기 위한 좋은 방법이다. 혁신을 통해 아이디어, 결과, 혜택 및 성공을 극대화할 수 있다.

예수는 "구하라, 그러면 찾을 것이다(마태복음 7:7)"라고 말했다. 그 말은 누구나 항상, 언제나, 어디서나 찾을 수 있다는 뜻이다. 아이디어를 구하다 보면- 컴퓨터와 대화하는 방법처럼- 아이디어가 나올 것이다.

혁신을 구하라, 그러면 찾을 것이다. 하지만 혁신이 반드시 첨단 기술일 필요는 없다. 치실이나 짐수레와 같은 간단한 혁신을 찾아보는 것은 어떤가? 누군가가 이와 같은 아이디어를 구하고 찾아내고 돈을 벌었다. 그러니 당신도 그렇게 할 수 있다.

TV 쇼 「재미있는 사람들People Are Funny」을 진행했던, 지금은 고인이 된 친구 아트 링클레터Art Linkletter가 50년대 초에 호주를 방문했을 때 홀라후프를 처음 보았다. 그는 홀라후프를 미국으로 가져와 수백만 개를 팔았고, 우리에게 새로운 형태의 운동과 즐거움을 주었다.

혁신가들은 무엇이 가능한지 상상하는 것을 좋아한다. 가능성의 은유 중 하나가 카멜롯인데, 12장에서 오늘날 전 세계의 사람들을 위해 우리가 어떻게 카멜롯의 가능성을 실현할 수 있을지 논의한다. 우리는 모두 크고 혁신적인 생각을 하고 카멜롯의 가능성 모든 사람이 누려야 하는 좋은 삶 을 실현하기 위한 준비를 해야 한다.

대통령 존 F. 케네디는 카리스마 넘치고 이상주의적인 현실주의자였다. 그는 "조국이 당신을 위해 무엇을 할 수 있는지 묻지 말고, 당신이 조국을 위해 무엇을 할 수 있는지 물어보라."고 말하면서 자신만의 카멜롯 버전을 창조하려 했다. 이걸 바꾸어 말하면, 다음과 같이 되지 않을까 싶다. "하나님 또는 세상이 당신에게 빚진 것이 무엇인지 묻지 말고, 하나님과 세상, 그리고 모든 동족과 지구상의 다른 동물에게 무엇을 돌려줄 수 있는지 물어보라."

모두 포함시키자. 존 F. 케네디 대통령은 자신의 임기 동안 카멜롯 창조를 꿈꿨다. 비록 그는 이 용어를 사용하지는 않았지만(재클린 케네디는 케네디 암살 이후에 이 용어를 사용했다), 그는 거의 모든 연설에서 이것에 대해 언급했다. 그는 "앞으로 10년 안에 우리는 인간을 달에 착륙시킬 것입니다."라고 말했다.

케네디는 혁신 및 사고와 행동의 가능성을 의인화했다. 그는 가장 홀

릏하고 가장 똑똑한 사람을 불러 모았다. 그들은 함께 모여 소매를 걷어붙이고, 많이 생각하고, 역사를 만들 가능성을 꿈꿨다.

실속 있으면서도 멋있는 삶과 생활 방식을 창조해보는 것은 어떨까? 단 1억분의 1초라도 왜 주어진 특권보다 낮은 수준으로 사는가?

이 너그러운 세상에서 당신이 할 일은 요청하고 존재하고 행하고 사고하고 소유하는 것이다. 삶과 삶이 제공하는 모든 것을 최대한 즐겨라. 수단이 없으면 수단을 만들어라. 당신이 자신의 특권에 어울리게 살 수 있고 다른 사람들도 그렇게 되도록 도울 수 있다고 믿을 때 그 수단이 당신에게 주어진다.

### 다시 젊어지는 힘

≫ 작고한 빅터 보르게Victor Borge는 최고의 연예인이었다. 비범한 코미디언이자 피아니스트이자 팬터마임 배우였다. 덴마크에서 태어나 미국으로 이주한 그는 긴 연예계 생활 동안 전 세계 관객을 즐겁게 했다.

빅터는 익살스러운 행동과 몸개그, 음악적 재능과 결합된 재치 있는 유머를 통해 관객에게 웃음을 선사했다. 그는 자신의 재능을 십분 활용하여 삶의 경험에서 살아 있는 카멜롯을 끌어냈다.

1998년에 난 아내와 아이들과 함께 빅터의 89번째 생일 기념 공연을 보게 되었다. 운 좋게도 우리는 앞줄에 앉았고, 커튼 사이로 무대 뒤의 빅터 보르게를 살펴볼 수 있었다. 그는 이제 많이 늙어 보였다. 게다가 관절염이 있는지 지팡이를 짚었고, 보좌관이 옆에서 부축하고 있었다.

이윽고 빅터가 무대 위로 소개되었을 때, 난 그의 모습이 즉각적으로 변신하는 것을 목격했다. 그는 내 눈앞에서 바로 30살은 젊어져 있었다. 허리가 꼿꼿해지고 얼굴에서는 빛이 났다. 행복하고 즐거운 모습이었다.

지팡이를 보좌관에게 건네자마자 발에 용수철이라도 달린 것처럼 기적적으로 발걸음이 가벼워졌다. 그는 비록 지쳐 보이긴 했지만 평생을 왕, 왕비, 대통령, 왕자, 그리고 우리 같은 일반인들 앞에서 공연을 하면서 편안하고 설득력 있는 공연 자세가 몸에 배어 있었다. 그의 나이는 증발했다. 그는 완전히 몰두해 있었다. 그는 자신이 사랑하는 것과 하나님이 그의 DNA와 RNA에 새겨준 능력을 맘껏 발휘하고 있었다.

빅터 보르게는 인상적인 것을 뛰어넘어 독보적이고 유일무이한 슈퍼스타다. 나는 그가 TV에서 라이브로 무대에 서는 것을 수없이 보았다. 볼 때마다 그의 멋진 스타일과 흥겹고 유쾌하고 행복감을 주는 유머를 함께 보려고 다른 사람들을 부르곤 했었다. 난 그의 신체가 변하는 놀라운 광경을 눈앞에서 지켜봤다. 여기서 이 이야기를 하는 이유는 나이듦과 죽음이라는 것은 그저 마음에, 영혼에, 인식에, 습관에 있다는 것을 알려주고 싶었기 때문이다.


디팩 초프라Deepak Chopra와 켄 다이크발드Ken Dychtwald 박사는 탈노화가 가능하다는 것을 증명했다. 빅터 보르게가 그랬던 것처럼 눈 깜짝할 사이에 나이를 되돌릴 수 있다. 그가 그렇게 할 수 있었던 이유는 청중들이 웃음, 사랑, 충만감을 얻기 위해 그에게 의지하고 있었기 때문이었다.

빅터 보르게, 밥 호프, 벅민스터 풀러, 딕 클라크는 모두 나이가 들어도 공연 또는 강연을 계속했는데, 이는 그들이 돈이나 명예가 필요해서가 아니라 카멜롯의 삶을 실현하려 했기 때문이다. 그들은 공연을 하면서 또는 강연을 하면서, 자신이 필요한 사람, 사랑받는 사람, 중요한 사람임을 느꼈다. 청중 역시 그들의 기운을 그대로 받았고, 변함없이 기립 박수를 보냈다. 그들은 또한 말로 표현되지 않은 단어들을 들었다. 랠프 월도 에머슨Ralph Waldo Emerson은 이렇게 말했다. "당신이 하는 말은 너무 커서, 무슨 말을 하는지 전혀 들리지 않소."

그들은 또한 이렇게 말한다. "영혼 대 영혼으로, 마음 대 마음으로, 심장 대 심장으로 당신을 즐겁게 해드리고 교화시켜 드리겠습니다. 최선의 나의 모습 그대로를 받아들여 주세요. 나는 기쁜 마음으로 내 모든 것을 바칩니다. 나의 성배를 위하여, 나의 검, 엑스칼리버를 위하여 건배! 사랑과 감사의 마음으로 이것을 당신께 드립니다. 나는 의미 있고 기억에 남는 변화를 꾀하고 싶습니다. 그리고 이를 위해, 잠깐 동안은, 내 늙고 쇠약하고 퇴보하고 황폐한 모습에서 더 젊은 모습으로 변하려 합니다. 나는 우아하고 환희에 넘치고 젊은 에너지를 내뿜는 프레드 아스테어의 움직임을 잠깐이라도 기억하려고 스스로 최면을 겁니다. 원로 역할을 맡은 나는 당신께 요청합니다. 젊음을 되살리고 새롭게 하여 영원히 간직해주기를."

강연가 경력 초기에 나는 AT&T의 섭외를 받은 적이 있다. 수석 부사장은 내게 미국의 거의 모든 사람이 전화 한 대씩을 가지고 있고 하루에 서너 번 사용한다며, 전화 사업에서 알아야 할 것은 그것뿐이라고 말해주었다. 그는 크게 생각하는 사람이 아니었다. 상상력이 부족했고 미래가 아닌 현재에만 고착되어 있었다. 생각해 보라. 그 이후로 얼마나 다양한 종류의 전화가 개발되었는지. 스마트폰, 컴퓨터 폰, 인터넷 폰, 비디오 폰 등 수십 가지가 개발되지 않았던가.

전화는 실로 유비쿼터스의 시대를 열었고, 경제에 활력을 불어넣어주었다. 그 부사장의 태도는 혁신과는 완전히 정반대의 모습이었다.

우리는 이제 카멜롯의 시대로 갈 것이다. 그리고 나 본인은 여기에 오게 되어 무척 기쁘다. 이 세상을 창조한 사람들은 몽상가들이다. 주위를 둘러보라. 당신의 눈에 보이는 것들은 처음에는 보이지 않는 것들이었다. 오로지 그 창작자의 마음속에 있던 비전이었을 뿐이다. 사람들은 몽상가와 그들의 비전을 어리석다고 말한다. 당신의 아이디어를 믿어라. 당신의 비전을 믿어라. 당신의 꿈을 믿어라. 당신의 꿈과 당신의 결정은 당신 마음속에 실재한다. 언젠가 당신은 그것들을 현실에서 보게 될 것이다. 당신은 당신이 꿈꾸는 그대로 된다. 심지어 삶 자체도 한때는 꿈이자 희망이었다. 부모는 새 가족 구성원을 꿈꾸고 애벌레도 나비가 되기 위해 희망을 가지고 기다리지 않는가. 당신의 결정과 욕망과 꿈은 언젠가 당신이 직접 경험하게 될 것들이다. 그것은 당신 미래의 씨앗이다.

꿈이 없는 사람들은 꿈을 가진 사람들의 성취를 보고 그것을 행운 또는 우연이라고 부른다. 꿈을 꾸지 않는 사람들은 몽상가들이 결과를 보기 훨씬 전에 성취자가 되었다는 사실을 깨닫지 못한다.

범인들이 세상의 증거를 보기 한참 전부터 몽상가들은 꿈에 몰입하는 순간 승자가 되었다. 몽상가들의 운은 사실은 행동이었다. 그들이 성취한 것은 그들이 취한 행동의 직접적인 결과였다. 인생은 당신의 결정과 욕망과 꿈에 근거한 행동의 결과이다.

성경에서 "믿음은 바라던 것들의 실상이요 보이지 않는 것들의 증거(히브리서 11:1)"라고 이르고 있다. 언뜻 이해하기 힘든 말처럼 들리지만, 성공은 내면에서부터 시작된다는 의미다. 결국 믿음이 있으면 그 믿음은 필연적으로 드러나게 되고 보이지 않는 것들이 보이게 된다.

대부분의 사람은 성공을 꿈꾼다. 다만, 성공은 목적지 이상의 방향성을 나타내며 꿈을 점진적으로 실현해가는 과정이다. 당신 앞에 많은 가능성이 놓여 있다. 기회는 얼마든지 잠재되어 있다. 당신은 그걸 찾아내기만 하면 된다.

"이런 아이디어들을 어디서 찾을 수 있을까?"

우선 스스로 이렇게 물어보라. 일단 자신이 속해 있는 업계를 잘 살피고 어떤 문제가 있는지 찾는 것부터 시작해야 한다. 문제를 찾아서, 이것을 기회로 바꾸어라.

어떤 사람이든, 어떤 기업이든, 어떤 조직이든, 문제가 없는 곳은 없다. 모든 문제에는 가격표가 붙어 있고, 이것을 해결하기 위해 기꺼이 돈을 지불할 누군가가 있다. 아마도 당신은 시대를 앞서가는 자신을 발견할지도 모른다. 잭과 내가 그랬다. 『영혼을 위한 닭고기 수프』가 144군데 출판사에서 퇴짜를 맞았다면 믿겠는가?

덴마크의 시인 피에트 하인Piet Hein은 이렇게 썼다.

"지금 세상이 필요로 하는 것은 문제 해결자들이다. 그것도 아주 많은. 우리가 해결하는 문제는 각각 10개의 문제를 더 만들어내기 때문이다."

이 말은 당신과 내 앞에 많은 가격표가 놓여 있음을 의미한다.

1913년, 러시아 작곡가 이고르 스트라빈스키Igor Stravinsky가 발레 작품 「봄의 제전The Rite of Spring」을 파리에서 초연했을 때 조소가 쏟아졌다. 관객들이 그의 음악 스타일에 항의하면서 급기야 큰 소동이 벌어졌다. 그럼에도 스트라빈스키는 동요하지 않고 침착하게 공연을 이어갔다. 결국, 세상은 「봄의 제전」을 20세기 음악의 걸작 중 하나로 여기게 되었고, 스트라빈스키는 천재라는 칭송을 받았다.

## 스튜의 비밀

≫ 우유 배달원 출신 스튜 레너드Stew Leonard는 자신의 배달 구역이 눈앞에서 사라지는 것을 목격하고, 혁신적인 방법을 구상하기로 결심했다. 식료품점을 만들어 고객의 경험을 극대화하자는 구상이었다.

오늘날 스튜는 코네티컷과 뉴욕 북부에 크게 성공한 식료품 체인점을 가지고 있다. 『USA 투데이』는 "스튜 레너드 슈퍼마켓"을 2020년 미국에서 가장 큰 10대 식료품점 중 하나로 선정했다.

매장 앞에 있는 기념석에는 이렇게 적혀 있다.

"규칙 1. 우리의 고객은 항상 옳다. 규칙 2. 만일 뭔가 잘못되었다면 규칙 1을 다시 읽어보라."

그는 고객의 평생 가치를 가장 소중히 여기고 모든 직원에게 이 가치를 가르친다. 스튜는 이렇게 말한다. "고객이 50달러어치의 식료품을 구입하고 1년에 50주 동안 그렇게 한다면 2,500달러가 된다. 우리는 보통 2,500달러 고객과 50달러 고객을 많이 다르게 대한다. 그러나 50년이라는 고객 서비스 기간을 곱하면 고객당 10만 달러가 훨씬 넘는 가치를 얻게 된다."

"모든 고객의 가방에 '나를 왕처럼 대접하고, 사랑하고, 존중하고, 내 이름을 기억하고, 친절하게 대해준다면 난 10만 달러의 가치가 있습니다. 나는 계속 여기에 와서 당신네 물건을 살 겁니다. 영원히 단골이 될 거예요.'라고 쓰여 있는 것처럼 고객을 대하라."고 스튜는 강조한다.

스튜 레너드 슈퍼마켓은 특별한 이벤트를 진행한다. 가장 특이한 장소에서 스튜 레너드 쇼핑백 사진을 찍은 고객에게 큰 경품을 주는 것이다. 고객들은 자신의 브로슈어에도 쇼핑백을 집어넣고, 신문 또는 TV에 나온 쇼핑백 사진을 그에게 보내준다. 헬리콥터를 타거나 비행기에서 낙하산을 타고 뛰어내리면서도 쇼핑백을 들어 보인다. 쇼핑백을 가지고 에베레스트산에 오른 남자도 있었다. 이 남자도 역시 사진을 찍어 스튜에게 보내 주었다. 그러면 스튜는 이런 사진들을 매장 벽에 걸어 놓고 전시한다.

스튜는 모든 고객에게 사업하는 사람이라면 누구에게나 필요한 질문을 한다. "우리가 무엇을 잘했고, 무엇을 더 잘할 수 있을까요?"

그가 한 고객에게 질문하자 그녀는 이렇게 대답했다. "당신이 무엇을 잘했고 무엇을 더 잘할 수 있는지 말해 줄게요. 여기 코네티컷에서는 쇼핑 카트를 비가 오는데도 그대로 밖에 놔둬요. 저는 기저귀를 찬 아기를 데리고 오는데, 아기를 좌석에 앉히면 기저귀가 빗물에 젖게 돼요. 아기는 축축한 게 싫어 쇼핑하는 내내 울어댄다고요. 내가 원하는 건 말이죠, 매장에서 종이 타월을 마련해주었으면 해요. 그리고 카트를 덮개로 덮어 두고요. 종이 타월로 카트를 닦으면 아기가 젖은 바닥에 앉지 않아도 되잖아요."

스튜는 그 말을 듣고 이렇게 말했다. "(물어보지 않았다면) 백만 년이 지나도 난 그런 생각을 못해냈을 거요."

또 다른 여성 고객이 그에게 와서 말했다. "스튜, 원하는 게 있어요. 여기선 딸기를 한 바구니씩 팔잖아요. 그런데 보면 크고 좋은 딸기가 제일

위쪽에 있고 그 중간이나 아래쪽은 죄다 뭉개져 있어요. 그래서 제안을 하나 하자면요, 딸기를 모두 깨끗이 씻어서 매대에 올려두는 건 어떤가요? 그래서 고객들이 와서 하나쯤은 맛을 보고 싱싱한 딸기만 사갈 수 있도록 말이에요."

스튜가 회의에서 이 아이디어를 제안했을 때, 이사회에서는 난리가 났다. "스튜, 미쳤어요? 사람들이 그 자리에서 딸기를 다 먹어 치울 거예요."

하지만 결과는? 당장 그 주에 딸기의 수익이 400퍼센트가 증가했다.

스튜는 혁신을 통해 자신의 사업을 극대화하고 있고 고객은 계속 스튜의 슈퍼마켓을 찾는다. 당신도 이 혁신적인 아이디어를 사업에 사용할 수 있을 것이다. 모든 사람들에게 계속 물어보라. "우리가 무엇을 잘했고, 무엇을 더 잘할 수 있을까요?"

## 다이아몬드의 땅

≫ 가장 좋은 아이디어는 아직 나오지 않았다. 자신이 몸담고 있는 업계를 둘러보라. 문제를 기회로 바꿔보라.

목사이자 교육자인 러셀 콘웰Russell Conwell은 '다이아몬드의 땅'이라는 유명한 강연을 했다. 이 강연에서 그는 "인간의 마음속에는 아직 캐내지 않은 다이아몬드의 땅이 있다."라고 말했다. 그는 5,000번 이상 이 위대한 연설을 했고, 600만 달러 이상을 벌어들였다. 그리고 필라델피아에 템플 대학교를 설립했다.

수년 전, 한 비서가 콘웰 박사의 이 유명한 연설을 들었다. 당시 그녀는 종이를 핀으로 꽂아서 철하고 있었는데 손가락이 자꾸만 핀에 찔려 종이에 피가 흘렀다. 그녀는 '서류를 정리하는 더 쉬운 방법이 있을 거야.'라고 생각했다.

오늘날 필라델피아 시내의 템플 대학교 바로 옆에 이 위대한 여성의 아이디어를 기리는 7층 건물 높이의 종이 클립이 우뚝 서 있다. 그녀는 콘웰의 강연을 듣고 메시지를 알아들은 것이다. 그녀는 자신만의 다이아몬드 광산, 즉 종이 클립을 찾아냈다.

당신 마음속에 있는 다이아몬드 광산을 찾아보라. 어쩌면 뒷마당에 있어 잘 보이지 않을 수도 있다. 아이디어를 찾아라. 사람에겐 하루에 5만 가지의 아이디어가 떠오르는데 그중 하나면 된다. 그 하나면 혁신을 극대화할 수 있다.

난 모든 사람이 자신의 꿈과 계획을 적은 다음 어떻게 하면 그것을 실현할 수 있을지에 대해 끊임없이 생각해야 한다고 믿는다. 이 방법은 간단하지만 효과가 있다. 이 방법이 새로운 가능성을 떠올리게 하는 자극제가 되길 바란다. 좋은 아이디어가 떠오르면 모든 관점에서 계속 고찰하고 "플러싱"(내가 만든 용어로, 아이디어를 추가하고 계속 확장한다는 뜻)해야 한다.


『영혼을 위한 닭고기 수프』가 출간된 후, 우리는 그것을 더 좋게 만들기 위해 계속 플러싱했다. 즉, 재판되는 책에는『영혼을 위한 닭고기 수프 두 번째 도움』,『영혼을 위한 닭고기 수프 세 번째 대접』…『영혼을 위한 닭고기 수프 여섯 번째 그릇』등 번호와 다른 제목을 붙여 수평적인 다각화를 꾀했다.

또한, 수직적 다각화를 통해 새로운 틈새를 공략했다. 『여성의 영혼을 위한 닭고기 수프, 여자라서 행복하니?Chicken Soup for the Woman's Soul』 등을 포함하여 십대와 청소년, 기독교인과 골퍼들을 위해 새로운 내용으로 편집한 여러 닭고기 수프 시리즈를 제작한 것이다.

성경에 "내 잔이 넘치나이다(시편 23:5)"라는 글귀가 나온다. 좋은 생각을 하면 우리의 잔은 넘쳐흐르게 마련이다.

내 친구인 짐 론은 "당신의 잔이 넘쳐흐르지 않는다면, 그건 잔이 뒤집어져 있기 때문이다."라고 지적했다.

밥 프록터의 말대로, 당신은 860억 개의 뇌세포를 가진 부자로 태어났다. 난 당신이 그동안 흘려 지나쳤던 이 위대한 것들을 제발 좀 활용하라고 당신을 비틀고, 꼬집고, 찌르고, 못살게 굴려고 여기에 있다. 부디, 당신이 좀 더 넓게 생각하고 자신의 생각을 계속 밀고 나아가길 바란다.

당신은 어떤 이벤트를 만들고 그것을 팔 수도 있다. 철인 3종 경기는 1978년 하와이 코나에서 인간의 한계가 어디까지인지 시험해보기 위해 시작되었다. 이 경기는 여전히 전 세계 여러 장소에서 매년 열리고 있다.

우리에게 필요한 건 단 하나의 아이디어다. 완전히 새로운 아이디어가 아니어도 된다. 기존의 아이디어에서 약간의 변형만 가미하면 된다. 위대함은 멀리 있는 게 아니라 단 한 발자국 떨어져 있을 뿐이다. 이제 검지를 들고 그것을 보면서 말하라. "바로 하나의 아이디어만 있으면 혁신적이고 창의적인 삶이 완성된다. 그것은 내 삶을 극대화하고 세상을 더 좋게 만들기 위함이다."라고 말하라. 그 멋진 아이디어에 도전해 보라.

만약 내가 앞에서 일러준 7×12센티미터 크기의 카드를 사용하고 있다면, 거기에 "내게 수백만 달러 혹은 수십억 달러의 멋진 아이디어가 있다."라고 적는다. 그리고 아침, 점심, 저녁, 잠들기 전, 이렇게 하루에 네 번 그것을 읽는다. 이 생각을 뇌세포에 21일 동안 심어 놓으면, 아이디어가 쏟아지기 시작할 것이다. 아이디어가 떠오르면 그것을 종이 또는 일기장, 컴퓨터에 적어 둔다.

그 아이디어들을 보면서, 주된 아이디어를 실현하기 위한 부수적인 아이디어도 적어둔다. 이 과정을 서두를 필요는 없다. 서서히 끓어오르게 놓아두면 된다. 그러면 놀랍게도 돈과 자원과 수요와 사람들이 당신의 꿈을 실현하기 위해 나타날 것이다. 아이디어를 적는 것을 절대 멈추지 말라. 그 메모가 당신을 일깨우고 흥분시켜 새로운 가능성으로 이끌 것이다.

위대한 SF 작가인 레이 브래드버리Ray Bradbury를 만났을 때, 나는 막 그의 고전 소설 『화씨 451 Fahrenheit 451』을 다 읽었다. 그는 이 소설이 어떻게 탄생하게 되었는지 내게 말해주었다.

"침대에서 곤히 자고 있는데, 갑자기 『화씨 451』에 나오는 소방관이 내 발을 흔드는 거예요. 나는 깜짝 놀라 일어났고, 온몸에 소름이 돋았어요. 난 그에게 '원하는 게 뭐예요?'라고 물었죠."

"그는 '내가 왜 모든 책을 불태웠는지 알고 싶지 않아?'라고 물었어요."

"아니, 알고 싶지 않아요. 난 그냥 계속 자고 싶어요."

"일어나. 그리고 타자기 앞으로 가. 나머지 이야기를 해줄 테니."

"먼저 커피 한 잔 마시고 화장실부터 가면 안 될까요?"

"안 돼. 나머지 이야기를 해야 한다니까."

레이 브래드버리는 타자기 앞으로 갔고 그렇게 다음 책을 썼다.

그는 아마도 내게 비유적으로 설명한 건지도 모른다. 그럼에도 불구하고, 아이디어가 당신의 마음속에 순환하면서 퍼지면, 어떻게든 밖으로 나오게 되어 있다. 이 아이디어들은 당신을 깨울 것이다.

나는 보통 새벽 4시에 일어난다. 이 시간엔 방해받을 일도 없고 정신은 아이디어를 처리하고 있기 때문이다.

이런 일이 당신에게도 일어날 수 있다. 하지만 아이디어를 모으고, 수확하고, 이들 아이디어가 당신을 위해 일하게 할 수 있도록 항상 깨어 있어라. 부족함을 메우는 것이든, 친숙한 비즈니스에서 해결책을 찾는 것이든, 완전히 새로운 영역에서 가지를 뻗어 여러 소득원을 창출하는 것이든, 당신은 혁신을 통해 삶, 사랑, 기쁨, 건강 및 미래를 극대화할 수 있다.

당신이 무엇을 성취해 낼 것인지 난 벌써부터 무척 기대가 된다.

# 드림팀을 꾸려라

이번 장에서는 자신만의 드림팀을 구성하여 창의력과 에너지를 배가시키는 방법을 배우게 된다.

가장 간단하게 설명하면, 시너지는 1 더하기 1이 2가 아닌 11이 되는 것이며, 때로는 더 큰 숫자가 될 수도 있다는 개념이다. 사람은 함께 일하면 따로 일하는 것보다 훨씬 더 많은 것을 성취할 수 있다. 두 명 이상이 함께 힘을 합치면 거짓말처럼 놀라운 힘이 발휘된다. 이것을 나폴레온 힐은 "조화로운 화합의 정신"이라고 표현했다.

이제 진정한 재능과 천부적 능력을 어떻게 발굴하고 확장해 나갈지, 당신의 성공에 도움이 되는 사람들을 어떻게 드림팀으로 끌어 모을지, 경쟁보다는 어떻게 협력할지에 대해 알려주려고 한다.

이제 당신은 두려움 없이, 인정받고 성공했다고 느끼며 인생을 살아가는 법을 배우게 될 것이다. 아이디어를 여러 성공으로 확장해 가는 것은 의외로 간단하다. 꿈을 이루기 위해서는 드림팀이 있어야 한다. 당신이 목표에 집중하도록 돕고 이 목표를 공유할 수 있는 적어도 한 사람이 필요하다.


앤드류 카네기는 "목적 있는 존재"라는 용어를 만들었다. 이는 명확하고 중심적인 삶의 목표를 가지는 것을 의미한다.

그의 인생 목표는 철강을 제조하고 팔아서 부를 얻는 것이었다. 일단 돈을 번 후엔 그 돈으로 가장 해가 적고 가장 선한 일은 계속해 나갔다. 그는 더 이상 빨리 베풀 수 없었다고 말하기도 했다. 그의 재산은 4억

7,500만 달러였는데 지금 가치로 환산하면 72억 달러에 상당한다. 하지만 1919년 그가 사망할 당시에는 3,000만 달러를 제외하고 모두 기부한 상태였다.

예술가, 교사, 과학자, 사업가, 설교자 또는 다른 어떤 것으로 주목할 만한 성공이나 위대함을 성취하려는 사람은 누구나 드림팀을 가져야 한다. 드림팀 파트너가 당장 눈에 보일 수도 있고 완전히 숨겨져 있을 수도 있다. 그건 중요하지 않다. 중요한 건 그들이 거기에 있다는 사실이다.


### 원하는 모든 것이 되는 방법

≫ 드림팀은 당신이 원하는 모든 것이 될 수 있도록 돕는다. 우리 모두에게는 숨겨진 재능과 창의적인 아이디어가 있다. 당신에겐 어떤 능력이 있는가? 당신은 자신의 능력을 알 수도, 또 모를 수도 있다. 종종 우리는 자신의 재능을 과소평가하기도 하니까.

드림팀은 당신의 그 능력을 밝혀내고 확장할 수 있도록 도와줄 것이다. "대체 누가 내 말을 듣고 싶어 하겠어?" "누가 내 글을 읽고 싶어 하겠어?" "재정 계획을 짜도록 도와준데도 누가 나를 믿겠어?" "내가 뭘 알아?"

이런 식으로 우리는 자신을 비하한다. 또한, 자기 자신에게 회의적이다. 드림팀 파트너는 당신이 당신 자신을 보는 것보다 더 많은 것을 본다.


한스 크리스티안 안데르센Hans Christian Andersen의 이야기에 나오는 「미운 오리 새끼」처럼, 우리 대부분은 스스로 기를 죽인다. 우리는 자기 자신이 매력적이지 않거나 서툴고 사회적 적응력이 부족하다거나 따분하다고 생각한다. 우리에게는 용기를 북돋우고 우리의 강점을 키워줄 친구, 그리고 우리를 사랑해주는 사람들이 필요하다.

그렇기 때문에 당신 자신보다 더 많은 걸 보는 "마스터 마인드"('명확한 목표를 달성하기 위해 두 명 이상의 사람들이 지식과 노력을 조화롭게 공유하는 것'의 뜻으로 쓰임-옮긴이) 친구를 찾아야 한다. 그는 당신에게 용기를 주고 당신을 응원하고 격려할 것이다. 우리에겐 어깨에 앉아 "넌 할 수 있어. 넌 할 수 있어. 넌 할 수 있어."라고 말해주는 지미니 크리켓이 필요하다.

동시에 자신의 습관을 스스로 살피는 사람은 거의 없다. 이것이 우리에게 바꿔야 할 습관을 알려줄 드림팀이 필요한 또 하나의 이유다. 21일 동안 하나의 습관을 바꾸면 3년 동안 52개의 습관을 새롭게 고안할 수 있다. 당신이 바꾸고 싶은 습관을 적은 후, 누군가는 그것을 추적 점검할 수 있어야 한다.

나는 베니 힌Benny Hinn, 마이클 벡위드Michael Beckwith, 인도 방갈로르 외곽의 사이 바바Sai Baba, 한국 서울의 조용기 목사와 같은 종교인 주변에도 드림팀이 있는 것을 봤다. 그들은 저마다 헌신적이고 독실하며 사랑을 전파하는 구성원에 둘러싸여 있었는데, 이들 드림팀은 그들에게 집중된 에너지를 보냈고 그들이 치유의 힘을 전파할 수 있도록 도왔다. 이렇게 결합된 에너지는 강렬한 시너지를 일으켜 더욱 효과를 증대시킨다.

## 메가몬스터 수련회

≫ 세계에서 가장 매력적인 마스터 마인드 수련회 중 하나는 투자 회사 앨런 앤 컴퍼니Allen & Company의 CEO인 허버트 앨런Herbert Allen이 주관하는 수련회다. 그는 지난 10년간 트위터, 그루폰, 링크드인을 포함한 대규모 기술 IPO에 관여한 인물이다.

아이디호의 선밸리 리조트에서 열리는 앨런 앤 컴퍼니 수련회는 단일 업계에 국한된다. 바로 통신 부문이다. 그래서 참가자는 마이크로소프트, 소니, 아마존, 델 컴퓨터, 스프린트, 워싱턴 포스트, 바이어컴CBS, NBC 등의 리더들이다.

다른 권위 있는 리더십 수련회와는 달리, 이 수련회는 참가하는 리더들의 가족도 포함한다. 이 수련회에는 땀을 흘려야 하거나 시끄러운 버스 탑승과 같은 프로그램이 없다. 수백 명의 성인과 아이들이 대부분 전용기를 타고 도착한다. 5일 동안, 참가자들은 플라이낚시에서 화이트워터 래프팅, 골프에서 마사지까지 다양한 일정을 즐길 수 있다.

세계 최고 수준의 기업 거물들을 끌어들이는 것은 레크리에이션이 아니라 마스터 마인드 세션, 즉 드림팀의 시너지이다. 기억하라. 시너지는 부분들의 합보다 더 큰 전체 시스템을 가리킨다. 이 수련회는 개별적 및 집단적으로 세상이 더 잘 돌아가도록 하기 위해 개개인이 5일간 모여 드림팀을 구성하는 것이다.

그래서 이 수련회에서는 중요한 사업 거래가 맺어지곤 한다. 마이클 아이스너Michael Eisner가 캐피탈 시티즈/ABC에게 처음 인수 제안을 한 것이 이 수련회의 골프 경기에서였고, 3주 후 190억 달러에 인수했다.

여기 초대받은 사람들은 킹메이커들이다. 허버트 앨런은 드림팀의 힘을 확실히 이해하고 있으며, 통신 분야에서 최고의 인재들만 불러 모았다.

크게 생각하는 사람으로서 당신도 내로라하는 인사의 마음과 심장과 주의를 사로잡을 수 있는 사교적 모임을 만들 수 있다. 크게 생각하는 사람들이 모였을 때 역시 큰 움직임이 일어나고, 누군가는 그 수련회를 구성해야 한다. 대규모 수련회를 만드는 것을 당신의 목표 또는 적어도 당신의 목표 중 하나로 세워보자. 그래서 엄청난 결과를 이끌어내는 거다. 안 될 게 있는가? 크게 생각하는 것은 작게 생각하는 것보다 어려울 것이 없지만, 그 보상은 훨씬 더 크다.


캘리포니아에 수령 4,000년이 넘은 거대한 삼나무가 있다. 살면서 꼭 봐야 할 명물이다. 그중 하나는 너무 커서 트럭이 지나갈 수 있도록 구멍을 뚫었다. 이 삼나무가 지구상의 그 어떤 수종보다 어떻게 더 오래 살 수 있는지 조금만 살펴본다면 그 해답이 "드림팀"이라는 것을 금방 알게 된다. 이 삼나무들은 뿌리를 얕게 내리고 땅속에서 서로 얽혀 있다. 그래서 지진이나 악천후, 화재, 그리고 다른 모든 역경을 견디며 서로를 지지한다.

이와 마찬가지로, 드림팀과 함께라면 당신도 모든 것을 가질 수 있고 해결할 수 있다. 사실상 지하에서도 드림팀은 영원히 지속될 수 있다. 잠재적으로 영원히 계속 이어지는 유산을 남길 수 있는 것이다.

## 인도에서의 드림팀

≫ 1968년 인도에 학생 대사로 갔을 때, 난 애머스트 칼리지 출신의 귀족, 바이런 터커Byron Tucker와 짝을 지어 다녔다. 우리는 겉보기에 공통점이 없었다. 나는 중산층이었고, 그는 상류층이었다. 놀랍게도, 우리는 서로에게 좋은 친구이자 드림팀의 일원이 되었다. 우리 둘이 힘을 합치면 어떤 상황이라도 제압하고 정복할 방법을 찾을 것만 같았다. 그 두가지 일례는 다음과 같다.

1968년 즈음 인도의 남성과 여성은 공공장소에서 같이 있으면 안 되었다. 심지어 객차 안에서도 분리되었다. 기차의 창문은 열려 있었고, 남성이 타는 객실은 먼지도 많고, 지저분하고, 심하게 붐볐다. 그때 바이런은 여성 칸에 타자고 제안했다. 여성 객실은 거의 사람도 없었거니와 깨끗했고, 우리 문화 시스템 내에서는 이런 규제는 없었으니까. 첫날엔, 사람들이 와서 "거기 앉으면 안 돼요."라고 말했다. 우린 짐짓 '아무것도 몰라요.'라는 표정을 지으며 "Sprechen Sie Deutsch?(독일어 할 수 있어요?)"라고 물었다. 물론 그들이 독일어를 할 리가 없었다. 우리는 여성 객실에 눌러앉았고, 그러면서도 아무도 다치지 않고 비교적 호사를 누리며 이동을 할 수 있었다. 우리는 그렇게 여러 날을 견딜 만한 수준으로 즐겁게 기차를 타고 다녔다.

공부를 끝마치고, 우리는 '빅 다이아몬드'라는 것을 해보기로 했다. 방갈로르, 마드라스, 캘커타, 뉴델리를 둘러보고 봄베이(현재는 뭄바이지만 당시에는 이렇게 불렸다)를 거쳐 집으로 돌아가는 것이었다. 우리는 인도 문화에 흠뻑 빠져서 모든 광경과 소리와 뉘앙스를 음미하며 흡수했다. 그것이야말로 진정한 교육이었다. 우리는 혼자였고 눈치껏 살아남았다. 우리는 끊임없이 정신을 바짝 차려야 했다.

사실상 우리는 거저나 다름없는 유스호스텔에 묵고 있었는데도 결국 자금이 바닥났다. 캘커타에서 남은 돈은 단 3루피(약 25센트)뿐이었다. 우리는 가지고 있던 미국 옷과 선물들을 주거나 교환했고, 길가에서 딴 바나나를 먹고 버텼다. 그때 바이런은 획기적인 아이디어를 떠올렸다. 그는 "마하라자 궁전으로 가자."고 했다.

우리는 택시를 타고 이루 말할 수 없이 화려하고 아름다운 궁전으로 향했다. 그리고 마지막 남은 돈을 운전사에게 지불했다. 바이런은 조용히 내게 이렇게 말했다. "내가 하자는 대로만 해."

정해진 영어만 할 줄 알았던 도어맨은 우리를 보고 "당신들은 상원의원, 하원의원, 대통령, 장군입니까?"라고 물었다. 우리는 "아니요, 실험자요."라고 대답했다. 이 용어를 몰랐던 도어맨은 관례적으로 마하라자를 내려오게 했다.

궁전의 2층에서 영국 여왕과만 만났던 그 마하라자를 말이다. 마하라자는 우리를 만나기 위해 장인들이 일일이 손으로 조각한 하얀 카라라 대리석 계단을 내려왔다. 그는 몸무게가 400파운드가 넘어 보였고, 열 손가락에 모두 번쩍이는 보석 반지를 끼고 있었다. 그는 '내 안에 있는 영혼이 당신 안에 있는 영혼을 축복합니다.'라는 뜻의 나마스테 제스처를 취하며 따뜻한 미소로 우리를 맞아주었다.

바이런은 "제2차 세계대전 당시 이곳에 머물렀던 스미스 장군이 사랑과 우정, 안부의 메시지를 우리에게 직접 전해 달라고 부탁했습니다."라고 말했다.

이런 대화가 확실히 그의 마음을 사로잡았다. 그가 우리에게 옥스퍼드에서 공부한 같은 또래의 아들과 딸을 만나보라고 했을 정도였다. 또한, 2주 동안 그의 집에 머물라고 초대까지 받았다. 모두 1시간도 안 되어 일어난 일이다.


이 경험을 통해 무엇을 알 수 있는가?

첫째, 누구나 최선의 아이디어와 드림팀을 사용하여 독창적이고 특별한 해결책을 생각해낼 수 있다. 이를 통해 더욱 흥미롭고 중요하며 가치 있고 기억에 남을 수 있는 삶을 누릴 수 있다.

둘째, 드림팀을 통해 즉각적인 해결책을 도출한다. 우리는 동료를 만들어야 한다. 각각 따로는 불완전한 것이 본래 신의 섭리이다. 모든 상황과 환경에서 함께 생각할 수 있는 파트너가 있어야 한다.

셋째, 모두가 득을 보고 소중한 추억을 만들 수 있다.

넷째, 자기 자신만의 비전을 뛰어넘기란 불가능하다.


그렇기에 무한한 비전을 가진 멤버들로 구성된 드림팀이 필요한 것이다. 당신이 무한한 비전을 가지게 될 때까지 그 무한한 비전을 가진 사람들과 함께하라.

## 헌법을 만든 드림팀

≫ 제한된 능력을 가진 사람들이 모여 놀라운 결과를 낳은 이야기는 셀 수 없이 많다.

미국 헌법 이야기도 그중 하나다. 미국은 지구상에서 가장 젊은 나라 중 하나지만 가장 오래된 헌법을 보유하고 있다. 1776년부터 오늘날까지, 사실상 모든 다른 나라의 정부는 바뀌었지만, 미국의 정부는 일관되게 유지되어 왔다.

정부의 가장 위대한 업적 중 하나는 미국 헌법을 제정한 것이다. 56명으로 구성된 대표단이 모여 영국으로부터 독립을 선언했다. 그렇게 한 이유는 종교, 혈연, 권력 또는 재산 때문이 아니라, 신이 각각의 인간을 창조하고 이들 인간은 창조자로부터 양도할 수 없는 특정한 권리를 부여받았기 때문이다. 그 권리 중에는 생존권, 자유권, 행복추구권(나는 여기에 추구 행복권을 덧붙인다) 등이 있다. 이 대표단은 위대한 국가를 꿈꿨고 여러 생각을 모아 미래를 위한 계획을 세웠다. 그 꿈은 원대했다. 그 드림팀이 우리 삶에 어떤 영향을 주었는지 생각해보라.

대부분의 사람에게는 그들이 아는 것보다 훨씬 더 많은 잠재력이 있다. 드림팀에는 목표에 집중할 수 있도록 도와준다는 특정 목적이 있다. 특정한 필요에 따라 임시로 드림팀을 구성한 다음 필요 사항이 변경되면 팀을 해체하고 다시 구성할 수도 있다.

모든 드림팀이 사업적 목표에 집중하는 것은 아니라는 것을 명심하라. 어떤 드림팀은 관계에 초점을 맞춘다. 아내와 남편으로 구성된 드림팀은 매우 효과적일 수 있다.

부부 드림팀은 남편과 아내가 서로 머리와 마음을 모아 행복과 재정 안정을 이뤄낸다. 결혼은 완벽한 드림팀이 될 수 있다. 사랑을 결합하고 목적을 하나로 통일하여 완벽한 조화 속에서 공감을 이뤄낼 수 있는 가장 지고지순한 수준의 드림팀이다.

### 자녀와 브레인스토밍하기

≫ 더 크게 생각하는 좋은 방법은 아이들과 브레인스토밍을 하는 것이다. 왜냐하면, 아이들은 경계를 모르고 비용에 대해 걱정하지 않기 때문이다. 드림팀에 아이들을 포함하라.

미래학자 페이스 팝콘Faith Popcorn도 그렇게 했다. 셀레셜 시즈닝스 티Celestial Seasonings Tea의 공동 설립자이자 내 친구인 모 시겔Mo Siegel 은 이렇게 말한다. "항상 이사회에 여덟 살짜리 아이를 포함해야 해. 그 나이의 아이들에겐 쓰레기 탐지기가 있어. 그들은 주는 것도, 받는 것도 없이 우리를 위해 일해 준다고."

모가 이렇게 말했을 때, 난 스피킹 사업을 위한 홍보 영상을 만들고 있었다. 그 당시 내 딸 멜라니는 정확히 여덟 살이었다. 난 이 홍보 영상에 이미 2만 달러를 투자했다. 나는 멜라니를 불러 함께 영상을 편집했고, 50 달러를 주면서 평가해 달라고 했다.

홍보 영상의 오프닝 장면은 캘리포니아 뉴포트 비치의 2.2미터짜리 존 웨인 동상 옆에 서 있는 나를 보여준다. 그때 딸아이는 이렇게 조언했다. "아빠, 동상 입에서 '안녕, 마크!'라고 쓰여 있는 작은 총알이 나와야 해요."

우리는 그것을 추가했고, 그 동영상을 보는 누구나 깔깔 웃으며 재미있어 했다. 우리에겐 아이들이 필요하다.

아이들은 크게 생각하는 법을 안다. 그들은 본질적으로 한계가 없고, 잠재 능력을 최고로 발휘하며, 완벽하게 기능한다.


### 로저스와 해머스타인의 드림팀

≫ 뮤지컬 코미디의 선구자인 리처드 로저스Richard Rodgers 와 오스카 해머스타인 2세Oscar Hammerstein II 는 서로 커리어의 정점을 맞이하고서야 공동 작업을 시작했다. 해머스타인은 대학 대표팀 심사를 위한 토요일 주간 공연이 끝난 후 로저스를 처음 만났다. 로저스와 마찬가지로 해머스타인도 보드빌보다 조금 더 세련된 수준이었던 뮤지컬의 경계를 허물고 싶어 했다.

로저스와 해머스타인이 「오클라호마!」라는 뮤지컬에 협업하기로 했다는 발표가 나자 처음에는 회의적인 반응이 많았다. 재정적인 후원도 받기 어려울 정도였다. 코네티컷 주 뉴헤이븐에서 열린 시연에서 나온 논평들은 끔찍했다. 칼럼니스트 월터 윈첼Walter Winchell 의 정보원 중 한 명이 월터에게 전신을 쳤다.

"여자 없음, 다리 없음, 농담 없음, 가능성 없음."

그러나 1943년 3월 31일, 「오클라호마!」는 브로드웨이에 입성하여 큰 성공을 거두었다. 공연은 한 여성이 무대 밖에서 들리는 "오, 아름다운 아침Oh, what a beautiful morning" 노래에 맞춰 버터를 저으면서 막이 올랐다. 첫날부터 공연은 관객들을 사로잡았고 이 획기적인 음악은 뮤지컬 장르의 주류를 영원히 바꾸어 버렸다.

이 뮤지컬은 브로드웨이 역사상 최초의 롱런을 기록하며 2,212회의 공연을 이어갔고, 영화로도 만들어졌다. 로저스와 해머스타인은 이후로도 함께 9편의 뮤지컬을 썼다.

1957년, 난 부모님과 함께 덴마크로 돌아갔다. 뉴욕에서 코펜하겐까지 배로 가는 데 거의 반 달이 걸렸다. 그때 부모님이 유일하게 가져간 영화가 「오클라호마!」였다. 난 매일 밤낮으로 그 영화를 봤고, 영화에 나오는 노래들을 다 외워버렸다. 로저스와 해머스타인은 가사의 날개를 타고 심장을 뛰게 하는, 그런 음악을 만들었다.

1960년 해머스타인은 암으로 세상을 떠났다. 그 후에도 로저스는 꿋꿋하게 저작 활동을 계속했지만, 만족할 만한 결과는 나오지 않았다. 그의 멜로디는 이전의 음악과는 달리 빛을 잃었다. 아마도 그에게서 최고의 것을 이끌어낼 수 있는 적절한 파트너를 더 이상 곁에 두지 못해서 일 것이다.

주위에 있던 대부분의 조력자는 해머스타인과 같은 절제력과 수양이 부족했다. 60년이 지난 지금도, 로저스와 해머스타인의 파트너십을 뛰어넘을 만한 그것은 나타나지 않았다. 앞으로도 그럴 것이다.

## 버핏과 멍거의 드림팀

≫ 미국에서 가장 부자이자 뛰어난 투자자는 워런 버핏Warren Buffett이다. 그는 처음에 100달러로 투자를 시작했고 그 투자금은 현재 수십억 달러로 불어났다. 그는 찰리 멍거Charlie Munger라는 이름의 신사와 파트너십을 맺기 전까지는 사업이 잘 되지 않았다고 말한다. 그들은 함께 버크셔 해서웨이Berkshire Hathaway라는 투자 회사를 설립했고 현재 가장 수익이 높은 투자 회사 중 하나다. 허버트 앨런처럼, 그들은 자신들이 살고 있는 네브래스카 주의 오마하에서 모임을 시작했는데, 전 세계 곳곳의 내로라하는 인물들이 이 만남을 보기 위해 날아왔다. 그만큼 이 둘의 만남은 세상의 이목을 끌었다.

어린 시절을 회상해 보자. 동네 친한 친구와 단짝이 되어 크든 작든 무언가를 성취했던 때를. 열여섯 살 때, 난 비틀스에 푹 빠져 열광했다. 그리고 2주 후, 나만의 록 그룹인 메신저스를 결성했다.

나이가 많든 적든 누군가와 팀을 이뤄 큰 일을 해낼 수 있다. 마이클 조던Michael Jordan은 두말할 필요도 없이 농구 역사상 최고의 선수였지만, 그는 팀 내 다른 선수들의 도움을 받았기에 그렇게 되었다는 사실을 잘 알고 있었다. 그는 "만약 내가 무인도에서 태어나 혼자 모든 것을 배우고, 다른 선수의 경기를 보지 않았다면 지금의 내가 될 수 있었을까? 난 나 이전에 모든 훌륭한 선배 선수들의 기량을 사용하여 내 기술을 발전시켰다. 그들이 없었다면 난 최고라고 불릴 수 없었을 것이다."라고 말했다.

언젠가 마이클은 또 이렇게 말했다. "내가 그 누구보다 많은 경기를 치르려면 필 잭슨 코치가 필요하다. 난 이 리바운더가 필요해. 그가 분홍색 매니큐어를 칠하고 매일 밤 머리를 다듬지만, 그는 역대 최고의 리바운더다."

마이클은 이기는 팀을 골랐다. 그들은 최고 중의 최고였다. 그는 자신만의 드림팀을 만들었고, 모든 역대 최고 기록을 세웠다.

나폴레온 힐이 마지막 병상에 누워 있을 때, 누군가『생각하라, 그리고 부자가 되어라』에 나온 13가지 원칙 중 가장 중요한 원칙을 꼽아 보라고 했다. 힐은 이렇게 대답했다. "첫째, 확실한 주요 목적이 있어야 하고, 이걸 글로 적어야 한다. 둘째, 두 명 이상으로 구성된 마스터 마인드 그룹을 만들어야 한다. 확실한 주요 목적을 이루기 위해서는 구성원의 조화로운 협력이 필요하다."

## 팀원 선택하기

≫ "어떻게 저의 팀을 선택하나요?" 당신은 이렇게 묻고 싶을지 모른다. 그러려면 모두가 실현하고 싶어 하는 강렬한 꿈을 가져야 한다. 화합과 공감이 없는 기업은 반드시 실패한다.

집단 내 모든 사람들이 더 큰 선을 위해 함께 일해야 한다. 중요한 것은 표면적인 협력이 아니라 각 팀원들의 진심 어린 합의와 마음가짐이 중요하다. 마음과 머리가 하나로 움직이며 리더에게 협력해야만 화합이 만들어지고 유지될 수 있다. 또한, 각 구성원은 확실한 동기에 따라 행동해야 한다.

우리는 모두 습관과 동기를 통해 움직인다. 동기부여로 인해 행동을 시작하고 습관으로 인해 계속 행동해 나간다. 같은 학생으로서 가장 똑똑하고 가장 우수한 학생을 팀원으로 들여라. 언제나 최고의 사람들을 찾아라. 그리고 함께 일할 수 있는지 물어보라.

재능이 당신의 미래와 자산임을 명심하라. 당신의 이상적인 드림팀 팀원은 누가 될 것인가? 당신은 신뢰할 수 있고, 의지할 수 있고, 동기부여가 되고, 행복하고, 열정적이고, 결과를 얻을 수 있는 사람들이 필요하다.

네트워크를 활용하여 자신이 원하는 모든 사람과 접속하라. IT업계에 따르면, 인터넷에서 6번만 클릭하면 지구상의 누구와도 연결될 수 있다고 말한다. 당신이 아는 사람을 세 번만 거치면 누구나 원하는 사람을 만날 수 있다.

드림팀 아이디어를 대대적으로 업그레이드하여 마법과 기적과 완전한 자유를 창조하고 즐기길 바란다. 드림팀의 각 구성원이 그들만의 독특한 재능을 발견하고 극대화할 수 있도록 도와주어라. 그들의 타고난 재능과 비범한 태도를 높이 사라. 만약 드림팀의 누군가가 부정적이거나 이기적이거나 자기중심적이라면, 그들은 당신의 드림팀에 적합하지 않다.

그렇기 때문에 3개월의 수습 기간을 두어야 한다. 테레사 수녀는 자선단체에 온 모든 자원봉사자에게 3개월의 유예 기간을 두도록 했다. 그녀는 "다른 사람의 눈에서 그리스도를 보고 봉사하면서 기쁨을 찾지 못하면, 여기서 나갈 수밖에 없습니다."라고 말했다.

테레사 수녀는 훌륭한 리더였다. 모든 드림팀의 리더는 맨 먼저 일에 뛰어들고, 마지막으로 떠나는 사람이다. 리더들은 항상 웃고 더욱 노력해야 하며, 스스로 없어서는 안 될 존재로 만들어야 한다. "너희 중에 큰 자는 너희를 섬기는 자가 되어야 하리라"라는 말을 모토로 삼으며 기억해야 한다.

마지막으로, 드림팀에 중요한 규칙이 하나 더 있다. 바로 그 관계가 비밀에 부쳐져야 한다는 것이다. 당신의 성공을 세상에 알리는 가장 좋은 방법은 결과를 보여주는 것이다. 팀의 목적을 오로지 팀과 당신, 그리고 신만 알도록 한다.

### 합의의 힘

≫ 이러한 규칙이 냉정하게 느껴지는가? 그런데 이것은 당신의 인생이다. 당신의 삶에 영향을 미치는 것이기에 가혹하게 느껴져도 어쩔 수 없다. 드림팀 내에서 일어나는 일은 당신 자신, 그리고 당신과 관련된 사람들뿐만 아니라 전 세계에 영향을 미친다. 그러니 선별 과정을 절대로 가볍게 여겨서는 안 된다.

마태복음 18장 19절에는 "너희 중의 두 사람이 땅에서 합심하여 무엇이든지 구하면 하늘에 계신 내 아버지께서 그들을 위하여 이루게 하시리라"고 나와 있다.

다음 중 합의는 어떤 관계에 적용될까? (1) 당신과 하나님 사이, (2) 당신의 의식과 잠재의식 사이, (3) 당신과 타인 사이, (4) 이 모든 세 가지 사이. 내 생각에 정답은 4번이라고 생각한다. 합의는 세 가지 모두에 적용되어야 한다.


앤드류 카네기는 한때 철강 제조나 마케팅에 대해 아는 것이 거의 없다고 했지만, 그는 이렇게 말했다. "나는 교육과 경험과 능력이 넘치는 전문가들에 둘러싸여 있다. 이들은 지금까지 철강 제조와 마케팅에 대해 알려진 모든 지식과 정보를 내게 전달해 주었다. 내가 할 일은 이 사람들이 가능한 한 그들의 능력을 최고로 발휘하도록 열망을 계속 불어넣어 주는 것이다."

카네기는 신약성서에 나오는 예수와 열두 제자의 이야기에서 마스터마인드의 원리를 차용했다. 예수가 십자가에 못 박힌 후 드러난 예수와 제자들의 특별한 능력을 기억할 것이다. 카네기는 예수의 능력이 하나님과의 관계와 제자들과의 조화로운 유대에서 생겨났다고 믿었다.

가룟 유다가 예수를 배신했을 때, 그는 궁극의 파국을 맞았다. 바로 목숨을 잃은 것이다. 마찬가지로 드림팀의 조화가 흐트러지면, 파멸이 뒤따른다.

카네기는 드림팀이 없었다면 그가 이룩한 명성과 재산의 근처에도 가지 못했을 것이다. 또한, 마스터 마인드가 그를 떠나기로 선택했다면 그는 그 수준에 머물 수 없었을 것이다.

물론, 1인 사업체나 업종도 있지만, 그렇게 뛰어난 실적을 거두거나 하지는 못 한다. 그들의 성취는 제한적이다. 온 마음을 다해 헌신하고 하나에 집중하는 드림팀이 있을 때 서로의 마음이 합쳐져 혼자서는 경험할 수 없는 무한한 힘을 누릴 수 있다.

완전히 일치된 두 사람은 위대함을 창조하고 기적을 현시한다. 그 힘이 당신에게 주어지는 것이다. 아직 드림팀이 없다면, 당신의 목표 중 하나로 "나만의 드림팀을 만들고 있다."라고 적고 그것이 실현되는 것을 확인하라.

# 네트워크를 만들어라

이 장에서는 유능하고 자신감 넘치는 네트워커(인맥·연고 등을 잘 활용하는 사람)가 되는 방법을 소개하려고 한다. 그리고 이를 달성할 수 있도록 도와줄 12가지 기본 개념에 대해 설명하려고 한다.

나는 당신이 자석처럼 끌어당기는 눈빛과 친밀한 악수, 뿜어져 나오는 존재감을 지닌 사람이 되길 바란다. 그래야 이 장의 원칙에 따라 비즈니스 관계는 물론 대인 관계에 이르기까지 더 많은 성공을 이룰 수 있다.

당신은 마스터 네트워커로서 최대한 풍요로워지기로 결심해야 한다. 네트워크가 커지면 순자산도 커진다. 이 원칙들은 판매, 관계, 사랑, 그리고 인생에 적용된다. 이러한 요소는 삶을 더 풍부하고, 더 풍요롭고, 더 의미 있게 만들어 줄 것이다.

내 동료 중 한 명은 네트워킹을 정보, 자문, 지원, 추천 등 네 가지 영역에서 인맥을 개발하고 성장시키는 과정으로 정의했다.

조지 H. W. 부시 전 대통령은 네트워킹에 능했다. 1990년 사담 후세인과의 전쟁이 발발했을 때 그가 가장 먼저 전화를 건 사람은 영국 총리 마거릿 대처였다. 다음으로 그는 소련의 지도자 미하일 고르바초프에게 갔다. 실로 세계적 수준의 네트워킹이 아닐 수 없다.

고르바초프 역시 네트워크 구축의 달인이었다. 나는 그가 20세기의 위인 중 하나라고 생각하는데, 그 이유는 효과적이고, 위협적이지 않고,

완전히 유익한 방법으로 세계의 유명 인물과 네트워크를 형성했다.

고르바초프는 과감하게 냉전을 끝냈고, 미국과 친구가 되었다. 그는 러시아를 공산주의에서 벗어나게 한 인물이다. 그의 이러한 업적은 역사에 길이 남을 것이다.

당신도 이와 같은 능력을 갖췄다. 날 믿어도 좋다. 나는 당신이 이렇게 유용한 네트워킹을 해주길 바란다. 또한, 당신이 많은 돈을 벌고 목표를 이루기 위해 필요한 모든 우정과 관계를 쌓기 바란다.

여러분이 더 높은 원칙을 고수하면서 봉사하고 배려함으로써 나눔과 사랑을 실천하길 바란다. 그러면 알게 모르게 다양한 형태로 여러분에게 그것들이 다시 돌아올 것이다.

당신의 연락처 목록이 길면 길수록 모두가 성공하고 더 잘살게 된다. 일단 네트워킹 연락처 또는 마스터 마인드 파트너가 생기는 즉시 다음 단계로, 또 그다음 단계, 또 그다음 단계로 나아가라.

## 네트워킹의 12가지 개념

**1. 효과적이고 결과를 도출하는 마스터 네트워커가 되어라.** 고(故) 로버트 뮬러Robert Muller 전 유엔 사무차장보는 위대한 작가이자 사상가, 예술가, 시인이었다. 그는 유엔에 있는 동안 20개의 평화 계획을 세웠다. 모두가 그 계획이 말도 안 된다고 반대했지만, 그는 훗날 이

렇게 밝혔다. "난 그 계획에 대해 계속 이야기하고, 그 계획을 믿고, 응원하고, 설득하고, 홍보했다. 현재 그중 18개가 시행되고 있다."

뮬러의 프로젝트 중 하나는 더 나은 세상을 만들기 위해 매일 한 가지씩 아이디어- 꿈을 쓰는 것이었다. 그는 7,000개가 넘는 아이디어-꿈을 적었다. 그는 연설에서 수년 동안 많은 작업이 진행 중에 있었으며, 일부는 이미 완료되었다고 언급했다.

여기 여러분을 위한 아이디어-꿈이 있다. 바로 네트워크 구성을 결심하는 것이다. 당신이 쓰는 모든 편지, 당신이 하는 모든 대화, 당신이 참석하는 모든 회의를 당신의 근본적인 믿음과 꿈을 표현하기 위한 발판으로 사용하라. 당신이 원하는 세상의 비전을 다른 사람들에게 확언하는 거다.

생각을 통해, 행동을 통해, 사랑을 통해, 정신을 통해 네트워크를 형성하라. 당신은 네트워크의 중심이고 세계의 중심이다. 당신은 자유로우며 엄청나게 강력한 생명과 선함의 원천이다. 이것을 확언하고, 퍼뜨리고, 발산하라. 밤낮으로 그것에 대해 생각하면 기적이 일어나는 것을 볼 수 있다. 당신 삶의 위대함은 약 80억 명이 사는 이 세상에서 새로운 자유, 새로운 민주주의, 새로운 형태의 행복으로 이어질 것이다.

2. **네트워커의 수요는 많고 공급은 적다.** 효과적인 네트워커로서 당신은 희소성 있는 상품이 될 수 있다.

앞서 얘기했듯이 아먼드 해머는 네트워크의 달인이었다. 아먼드는

『해머: 자서전Hammer: An Autobiography』이라는 책을 썼는데, 꼭 한번 읽어보기 바란다. 1920년대 초, 해머는 고등학교를 졸업하고 바로 컬럼비아 의과대학에 진학했다. 의대 4학년 때, 그는 아버지의 제약 사업을 물려받아야 했다. 해머는 이 공장이 당시(금주법 기간 동안) 위스키를 만드는 데 사용된 생강 팅크라는 제품으로 돈을 벌고 있다는 것을 발견했다. 아먼드는 아직 의과 대학생의 신분으로 생강 팅크제로 세계 시장을 장악했고 순식간에 200만 달러를 벌어들였다. 그는 낮에는 제약회사를 운영하고 밤에는 공부하면서 우등으로 졸업했다. 앞에서 이미 설명했듯이, 그는 러시아로 갔고 거기서 사람들이 굶어 죽고 있다는 사실을 확인했다. 그는 100만 달러어치의 밀을 사서 사람들을 구제하기 시작했다.

해머는 자신의 모든 재산을 차르 시대에 누적된 러시아의 예술품과 보물들을 사들이는 데 썼고 대공황이 한창일 때 뉴욕으로 돌아왔다. 그의 형은 그에게 이렇게 말했다. "너 미쳤구나. 지금 그게 될 리가 없어. 지금 돈을 가진 사람이 아무도 없는데 누가 그 예술품을 사겠니?"

하지만 해머에게는 틈새시장에서 부자가 될 수 있는 아이디어가 있었다. 그는 뉴욕의 메트로폴리탄 미술관에 가서 미술 전시회를 열기 위해 협상했다. 광고비도 그가 지불하고 예술품도 그가 제공하겠다는 조건이었다. 미술관은 대관만 책임졌다. 미술관은 1인당 50센트의 입장료를 받았다. 대공황 시대에도 불구하고, 사람들은 즐길 거리를 원했고, 미술 전시회의 입장료는 그들이 충분히 지불할 수 있는 수준의 금액이었다. 전시회가 시작되자 사람들은 러시아 예술품을 보기 위해 미술관 앞에 길게 줄을 서기 시작했다. 입장료의 수익은 반반으로 나눠 미술관이 25센트, 해머가 25센트를 가져갔다. 이렇게 하여 해머는 단기간에 100만 달러를 벌었다. 400만 명이 넘은 사람들이 위대한 예술품을 보려고 미술관을 방문했기 때문이다.

해머는 세일즈맨에서 사업가로, 기업가에서 리더, 미술품 수집가, 박애주의자가 된 의사였다. 앞서 말했듯이, 우리 안에는 다양한 형태의 천재성이 존재한다. 그 천재성을 훈련시켜 최대치로 끌어올려야 한다. 그러면 당신 안에서 다른 자아가 깨어난다.

해머는 선견지명이 있는 리더이자 21세기의 모범적인 경영자가 되었다. 그가 옥시덴탈 페트롤리움Occidental Petroleum이라는 회사를 설립하면서 그는 영원히 확장되었다. 그의 정신도 계속 확장되었기 때문이다. 그는 위대한 스타일과 수완, 능력으로 네트워크를 형성했다. 우리는 누가 최고인지 알고 그들의 방법을 배우고 얻는 것이 중요하다. 그는 마스터 네트워커로서 우리 모두가 본받아야 할 모범이다.

3. **네트워킹은 예술이자 과학이자 기술이다.** 네트워킹은 모두를 이롭게 하는 삶의 방식이다. 존 존슨John Johnson이라는 청년이 있었다. 그는 시카고에 있는 슈프림 생명보험사Supreme Life Insurance

Company의 우편물실에서 일했다. 그는 아직 애송이였지만, 진취적이었고 포부와 추진력만은 남달랐다. 어느 날, 존은 『리더스 다이제스트Reader's Digest』를 읽다가 문득 흑인들이 뭔가 잘못을 저질렀을 때에만 표지를 장식한다는 사실을 발견했다.

또한, 흑인들에 대한 좋은 이미지가 거의 없다는 사실을 깨닫고 세상에 흑인들을 위한 잡지가 필요하다고 생각했다. 그는 이사회 의장에게 가 자신의 생각을 말했다. 그 의장은 우연히도 흑인이었다. "의장님, 이 회사에 수천 명의 보험 고객이 있습니다. 그 고객들에게 광고용 우편물을 보내 1인당 2달러씩만 기부하여 블랙 다이제스트를 만들자고 제안해보겠습니다."

우편물을 받은 사람의 3분의 2는 존의 생각에 동의했다. "맞아요, 우리는 블랙 다이제스트를 원합니다."라며 돈을 보내 주었다.

이 출판물은 처음에는 슈프림 생명보험이 제작하기 시작했고, 나중에는 『에보니Ebony』와 『제트Jet』 매거진으로 성장했다. 그리고 존 존슨은 결국 보험회사 전체를 인수하게 되었다. 작은 아이디어와 잘 연결된 네트워크가 경이로운 결과를 낳은 것이다. 아직 『역경을 이겨낸 성공Succeeding against the Odds』을 읽지 않았다면, 이 책을 읽어보길 권한다. 장담컨대, 당신의 존재 깊숙한 곳부터 영감을 불어 넣어줄 것이다.

이 책에 나온 한 가지 예를 들어 보기로 하자. 존 F. 케네디가 대통령 선거에 출마했을 때, 그는 존 존슨에게 와서 이렇게 말했다.

"난 대통령이 되려고 해요. 미국 인구의 12퍼센트가 흑인입니다. 그들 대부분은 아무에게도 투표하지 않아요. 흑인 후보가 출마한 적은 없잖아요. 난 그들의 후보가 되고 싶습니다."

케네디는 3시간 동안 존 존슨과 면담을 했고, 『에보니』 표지에 실린 첫 번째 백인이 되었다.

랠프 월도 에머슨의 필독 에세이 「보상Compensation」에 이런 말이 나온다. "우리의 모든 인간 교류에는 말 없는 제삼자가 반드시 참여한다. 사물의 본질과 핵심은 모든 계약의 이행을 스스로 맡아 보증한다. 그러므로 정직한 노역은 결코 손실로 끝나는 일이 없다. 자신이 노력을 바치는 주인이 고마워할 줄을 모른다면 더욱더 그에게 충성을 다하라. 부채는 신에게 맡겨라. 그 하나하나의 노역이 모두 보상받을 것이다. 지급이 지체되면 될수록 여러분에게는 더욱 좋다. 복리에 복리를 가산하는 것은 하나님이 출납 담당의 이율이고 관습이기 때문이다."

이 문구는 존 존슨에게 딱 들어맞았다. 케네디가 대통령에 당선된 직후, 그는 백악관에서 존과 그의 아내를 저녁 식사에 초대했다. 그들은 IBM의 회장이자 설립자인 토머스 왓슨Thomas Watson과도 함께 식사할 예정이었다. 식사 중에 케네디가 갑자기 물었다. "왓슨, 당신 회사가 존 존슨의 잡지에 광고하고 있나요?"

왓슨이 대답했다. "모르겠습니다. 우리가 광고하고 있나요, 존?"

그러자 존슨이 대답했다. "아뇨, 사실, 우리 직원들이 당신 회사의 문을 계속 두드리고는 있는데, 회장님 회사에서는 전혀 반응이 없네요."

왓슨은 수첩을 꺼내 무엇인가를 적더니 존을 올려다보며 말했다.

"내일 모든 게 바뀔 거요."

그 즉시, 존 존슨에게 수천만 달러의 광고비가 IBM으로부터 들어오기 시작했다. 이는 모두 그 우연한 저녁 식사 모임 때문이었다. 존슨은 완전히 새로운 시장을 개척했다.

그는 자신의 책에서 이 사례를 언급하면서 "우리는 네트워크를 형성해야 하며 올바른 영향력의 중심에 들어야 한다."라고 썼다.

당신은 올바른 영향력의 중심에 있는가? 그렇지 않다면, 미래의 일기에 어떤 영향력의 중심에 있고 싶은지를 써보라. 왜냐하면 당신이 올바른 사람들과 어울린다면, 올바른 결과를 얻을 것이고, 저절로 그렇게 될 것이다. 네트워킹이 중요한 이유가 바로 이것이다.

아무리 초라하고, 가난하고, 발전이 더디고, 무지한 사람이라도 누구나 차근차근 네트워크를 구축하는 법을 배울 수 있다.

네트워킹을 바로 시작하라. 어떻게 시작하든 상관없다. 시작하는 것이 중요하다. 위대하고 원대하고 훌륭한 네트워커가 되는 방향으로 나아가는 것이 중요하다.

만나서 시간을 함께 보내고, 같이 놀고, 일하고, 돈을 벌고, 마음속 깊이 영적 교감을 느끼고 싶은 사람 200명의 이름을 적어보라. 또한, 묻고 싶은 질문도 모두 적어보라. 나는 나의 저서 『원하는 삶을 살기 위하여Dare to Win』에 만나고 싶었던 200명의 사람을 나열했고, 그 목록은 계속 추가되고 있다. 그들을 만났을 때, 이름을 지워버리지 말라. 대신, 그들의 이름 뒤에 "승리"라고 적고 그들에 대한 중요한 사실과 함께 주소 파일에 계속 보관해야 한다. 하비 맥케이 Harvey Mackay는 그의 저서 『상어와 함께 수영하되 잡아먹히지 않고 살아남는 법How to Swim with Sharks without Being Eaten Alive』에서 그가 사람들에게 던지는 질문들을 열거한다. 그리고 그 사람들의 자녀 이름, 배우자, 생일 등을 기록해 두고 그들이 회사를 소유하고 있다면 그 회사의 주식을 사고 최신 정보를 유지한다.

그러면 어떤 일이 일어나는지 아는가? 내 책을 읽은 독자들은 저 목록의 사람들을 안다면서 내게 전화를 하고 연락을 해온다. "내가 그 사람을 아니까 만나게 해줄 수 있어요. 같이 저녁 먹어요." 라든지 "만남 약속이 잡혀 있는데, 그도 거기에 올 거예요. 내가 만나게 해줄 수 있어요."

이 모든 것은 내가 이름을 적고 공유했기 때문에 일어난 일이다. 꼭 만나야 할 사람의 이름을 적어두고 가장 쉬운 것부터 먼저 하고 거기서 긍정적인 추진력을 얻는다. 그러면 계속해서 더 많은 이름을 추가하는 것이 가능해진다. 이것이 당신의 자존감을 높여준다. 왜냐하면 당신은 위대한 사람들의 에너지 영역에 있게 될 테니까 말이다. 당신은 자신이 생각했던 것보다 더 많은 리소스와 재능, 대인관계 기술을 가지고 있다는 것을 금방 알게 될 것이다.

한번은 아시아에서 지인들과 있을 때였다. 그들은 내 앞에 종이 두 장을 꺼내 놓았다. 한 장에는 10개의 원대한 목표, 즉 그들이 일생 동안 이루고 싶은 꿈들이 적혀 있었다. 그중 한 남자의 목록을 보니 항공사를 운영하고 싶다고 적혀 있었다. 나는 "세계에서 가장 큰 항 공사의 이사였어요. 이사회 의장을 소개해 드릴게요."라고 말했다. 그리고 그들은 사업을 시작하게 되었다.

다른 한 장에는 그들이 만나고 싶은 사람의 이름과 이력이 적혀 있 었다. 당신도 똑같이 해보라. 당신이 만나고 싶은 내로라하는 유명 인사와 한 번은 정상을 찍고 내려온 사람들의 이름을 적어본다. 때 때로 후자를 만나기는 생각보다 쉬우며, 그들은 여전히 타인과 잘 연결되어 있다. 그들은 이미 해볼 것은 다 해보고 만나볼 사람은 다 만나봤기 때문에 마음만 먹으면 누구라도 연락을 취할 수 있다.

**4. 네트워킹은 재미있고, 유익하며, 풍요롭다.** 잭 캔필드와 내가 하와 이에서 세미나를 할 때였다. 어느 날 아침, 우리는 수영장에서 아이 들과 가족, 그리고 이 세미나에서 만났던 모든 친구들과 놀고 있었 다. 그때 우연히 우리 단체에 있던 동료 한 명이 친한 친구이자 동 료인 고 웨인 다이어Wayne Dyer 박사와 마주쳤다. 웨인은 심리치 료사였고 『행복한 이기주의자Your Erroneous Zones』, 『치우치지 않는 삶Change Your Thoughts-Change Your Life』, 『의도의 힘The Power of Intention』과 같은 많은 책을 쓴 베스트셀러 작가이기도 했 다. 그와 나는 25년지기 친구였다.

웨인은 작은 녹음기를 들고 와서 잭과 나와 함께 수영장 의자에 앉았다. 그러자 몇 분 사이에 수영장 안이 텅 비었고 모든 사람이 우리를 둘러싸기 시작했다. 우리는 웨인과 함께 그 자리에서 즉흥적인 세미나를 열었고 박수갈채를 받았다. 사람들은 질문하기 시작했고, 부모들은 아이들에게 카메라를 가져오라고 시켰다. 그들은 풀사이드에서 웨인, 잭, 마크가 함께 세미나를 하는 장면을 사진으로 찍었다.

네트워킹은 이렇게 재미있고 유익하며 풍요로운 것이다. 네트워크를 통해 우리는 많은 것을 배우게 된다. 나는 항상 하루를 되돌아보며 내가 말한 것과 생각한 것을 많이 메모한다.

그래서 내 목록은 함께 놀고 싶고, 성장하고 싶고, 확장하고 싶고, 배우고 싶은 수천 명의 사람들에게까지 확대되어 있다. 재미있다고 생각한다면 당신도 이렇게 해 나갈 수 있다. 만약 너무 힘거운 일처럼 느껴 "난 할 수 없어. 악수도 못 하겠어. 그 사람을 직접 못 보겠어. 너무 겁나."라고 생각하면 어려움이 많겠지만, 재미있다고 생각하면 충분히 즐길 수 있다.

삶의 의미는 우리가 삶에 부여한 의미로부터 나온다. 당신의 인생에 당신이 부여하지 않은 본질적인 의미란 없다. 인생에 의미를 부여해야 한다. 헬렌 켈러는 청각 장애인이었지만, 그녀의 선생님이었던 애니 설리번으로부터 많은 가르침을 받은 후, 대부분의 사람들이 외적인 눈으로 볼 수 있는 것보다 마음의 눈을 통해 더 잘 볼 수 있다는 사실을 깨달았다. "당신의 초가 꺼져 있다면, 내 초를 가져가 밝히세요. 내가 가진 것에서 변한 건 아무것도 없지만, 그것은 세상을 4배 더 밝게 만듭니다."

나는 당신이 그런 네트워킹을 해주었으면 한다. 아무도 돕지 않을 누군가를 돕는 진정한 "인싸"가 되어 주길 바란다. 당신에게 도움을 줄 수 없는 누군가를 도울 때, 당신은 공공연하게 보상을 받는다. 성경에도 이렇게 나와 있다. "네 구제함을 은밀하게 하라. 은밀한 중에 보시는 너의 아버지께서 갚으시리라(마태복음 6:4)"

상이나 칭찬을 받기 위해 베풀면 한 번의 보상으로 끝나지만, 남몰래 베풀면 영원한 보상을 받는다.

애니 설리번은 헬렌 켈러의 마스터 마인드 파트너가 되어, 생각하고 나누는 방법을 가르쳤다. 헬렌은 역사상 가장 심오한 소통자 중 한 명이 되었고 세계의 유명한 인물들과 네트워크를 형성했다. 모두가 헬렌 켈러를 만나고 싶어 한 것이다.

비록 시작은 미약할지라도, 네트워킹이 재미있고 유익하고 풍요롭다고 생각한다면 모두를 만날 수 있다.

5. **네트워킹은 배우고 가르칠 수 있다.** 하이메 에스칼렌테Jaime Esca-lante 교사의 실제 이야기를 다룬 「스탠드업Stand and Deliver」이라는 영화가 있다. 하이메는 컴퓨터 사업으로 큰돈을 벌고 나서 다시 이스트 엘에이의 한 마을로 돌아왔다. 그리고 10대에게 미적분학의 원리를 가르치기로 했다. 그는 학생들에게 "미적분을 배우지 않는

다면, 너희는 평생 햄버거나 뒤집게 될 거야."라고 말했다.

그러자 한 학생이 반박했다. "제가 햄버거를 뒤집는데요. 저기 밖에 삐까번쩍한 차 보이죠? 파이어버드요. 그게 제 차예요. 아까 보니까 걸어서 오시던데, 선생님이야말로 루저 아닌가요?"

그 학생은 하이메가 롤스로이스를 몇 대나 소유하고 있고 경제적으로 자유롭다는 사실을 알지 못했다. 그래도 하이메는 이 사실을 학생들에게 밝히지 않았다. 오히려 그는 학생들에게 학교에 와 수업을 받고 스스로 공부할 것을 계속 설득했다. 사실, 그는 학생들을 미적분 위에서 춤추게 했다.

처음에 학생들이 SAT 시험을 치렀을 때, 보스턴의 교육평가 위원회 담당자들이 학교로 찾아와 "아이들이 부정행위를 했다"고 추궁했다. 하이메는 "아니요, 당신들은 우리가 히스패닉이기 때문에 의심하는 거요. 나는 학생들에게 미적분을 기초부터 차근차근 가르쳤어요. 학생들은 그걸 배웠고 완벽히 숙달했어요. 우리는 어떤 시험이든 당신이 원하는 대로 치를 수 있어요."

하이메의 학생들은 다시 시험을 쳤다. 학생들은 두 번째 시험에도 완벽하게 통과했고 장학금을 받으며 미국에서 가장 유명한 학교에 입학했다.

내가 강조하고 싶은 점은 공부도 운동처럼 감각을 기를 수 있다는 것이다. 진 휴스턴Jean Houston은 '인간 가능성 운동'의 창시자로 운동학적으로 가르쳤고, 학생들이 배우는 모든 것에서 춤추게 했다. 난 앞으로 내가 배우고 싶은 몇 가지 원리를 춤으로 가르치는 댄스 강사를 고용하고 싶다.

우리의 모든 학교에 그런 네트워킹이 존재한다고 상상해 보라. 우리의 정신을 일깨우고 정신에 활력을 불어넣으며, 미적분학과 같은 것을 배우고 싶게 만드는 훌륭하고 영감을 주는 선생님들이 있다고 말이다.

6. **다른 사람들을 끌어모아 훌륭한 네트워킹을 구축하라.** 세계에서 가장 큰 민간 건축업자인 트램멜 크로우Trammell Crow는 약간의 재산으로 경이로운 일을 벌였다. 사람들이 그를 필요로 할 때 댈러스에 창고를 지었다. 그의 사업은 계속 성장하고 승승장구했다. 사람들은 그에게 와서 "당신이 하는 일을 하고 싶어요."라고 말했다. 트램멜 크로우는 이렇게 말했다. "좋아, 그럼 이렇게 합시다."

그가 수백 명의 사람이 수백만 달러를 벌 수 있게 해 준 방법은 이렇다. 트램멜은 지주회사의 100퍼센트 지분을 소유했다. 그런 다음 지주회사의 자회사에 대해 50 대 50의 파트너십을 허용했다. 이 파트너들의 많은 노력과 에너지가 한데 모였고 트램멜의 노하우와 큰 사고가 투입되어, 미 전역에 걸쳐 그의 창고는 계속 늘어나게 되었다. 이것은 네트워커들이 매우 효과적으로 함께 일하도록 하는 훌륭한 방법이다.

트램멜 크로우와 같은 훌륭한 사람들을 만나서 당신과 함께 일할 수 있도록 그들을 끌어모을 준비가 되었는가?

**7. 네트워커들은 그들의 네트워킹 목록에 사람들과의 만남을 목표로 정해 놓는다.** 나는 트램멜 크로우를 만나고 싶어 했고, 결국 그를 만났다. 방송인이자 희극 배우인 레드 스켈튼Red Skelton도 만나고 싶었는데, 어느 날 마주치게 되었다. 그에게 다가가 "레드, 오랫동안 당신 팬이었어요."라고 말했다.

"날이 덥네요, 선풍기('팬'과 스펠링이 같지만 다른 뜻, 언어 유희로 한 말-옮긴이)가 필요해요."라고 그가 말했다.

"당신이 사진과 같은 정확한 기억력을 가지고 있다는 게 사실인가요?"

"그래요, 하지만 개발('인화'와 스펠링이 같지만 다른 뜻, 역시 언어 유희-옮긴이)이 덜 됐어요."

LA 공항의 레드카펫이 깔린 룸에서 한 시간 반 동안 이야기를 나누던 중, 나는 그에게 "TV쇼를 해보려고 해요."라고 말했다.

"마크, 밥 호프와 내가 하는 방식으로 해요. TV 프로그램을 소유하고 방송권을 요청하는 거예요."

결국 나중에 난 진짜로 TV쇼를 하게 되었고, 방송사와 협상하고 방송권을 요청하고 있는 나 자신을 발견했다.

나와 협상하던 담당자가 물었다. "누가 당신에게 방송권을 요청하라고 하던가요?"

내가 대답했다. "레드 스켈튼이요."

그는 잠깐 동안 생각하더니 "방송권을 가지세요."라고 말했다.

이것이 당신이 하고 싶은 분야에서 일했던 사람과 네트워크를 형성해야 하는 이유다.

8. **네트워커들은 같은 생각을 하는 사람들과 목표와 이름을 적은 목록을 공유한다.** 한번은 아내와 함께 캘리포니아 주 뉴포트 비치에 있는 존 웨인 공항에서 발이 묶인 적이 있었다. 그때 공항이 완전히 폐쇄되었는데, 난 비행기를 타야 했다. 그 당시, 그곳에는 딜레이니스Delaney's라는 개인 소유의 멋진 레스토랑이 있었다. 그곳에 식사를 하러 갔는데 연방항공청장이 들어오는 게 아닌가! (그녀는 내 아내의 첫 남편과 사귀고 있었다.) 우리는 한데 모여 수다를 떨었다.

내가 공항이 폐쇄된 이유를 묻자 그녀는 "빌리 그레이엄 목사가 비행기를 타고 오는데, 협박을 받았나 봐요. 그래서 공항 전체를 폐쇄했어요."라고 말했다.

나는 "그레이엄 박사를 만나고 싶어요."라고 말했다.

그녀는 경비가 삼엄하지만 보안 책임자를 소개해 주겠다고 했다. 보안 책임자는 "당신 이름은 이 리스트에 없어요. 이 공항에서 그레이엄 박사를 만날 수 있는 사람은 11명뿐이에요."라고 말했다.

나는 그레이엄 박사를 너무나 만나고 싶었다. 그의 이름을 메모장에 적어 두었기 때문이다. 그가 비행기에서 내려오고 있는 모습이 보였다. 그는 검게 그을린 모습에 모자를 썼고, 또박또박 걷고 있었다. 그는 겨드랑이에 많은 신문을 끼고 있었고, 19명의 무장한 보디가드가 그를 에워싸고 있었다.

빌리가 짐을 기다리며 혼자 있을 때, 나는 그에게 다가가 손을 내밀며 인사했다. "빌리, 안녕하세요?" 그가 수백만 명의 사람들과 악수를 하는 걸 알고 있었으니까. 그는 나를 어디서 본 적이 있나 생각하는 듯했지만 어쨌든 우리는 30분 동안 이야기를 나누며 즐거운 시간을 보냈다.

나는 그에게 물었다. "무슨 일로 왔어요?"

"대경기장을 10만 명의 사람들로 채우려고요. 그것도 하룻밤에요. 그리고 10~12회에 걸친 라디오와 TV쇼도 예정되어 있고, 교회에서 특별 강연이 있어요." 그리고 계속 말을 이어나갔다. "마크, 당신에겐 영업 사원들과 네트워커들이 있죠. 그들에게 멀리 내다보는 힘을 기르라고 말해주세요. 70세인 나도 하는데, 하물며 젊은 나이대의 누구라도 할 수 있지 않을까요?"

**9. 영향력 있는 사람들과 사진을 찍는다.** 네트워커들은 잘 알려진 정치인, 유명인사, 엠파이어 빌더세력 확대에 주력하는 사람, 세계를 위해 봉사하는 사람들, 당대의 영향력 있는 사람들과 함께 찍은 사진을 가지고 있다. 어떻게 하면 되냐고? 무척 쉽다. 그저 그들에게 가서 사진을 요청하면 된다. 요즘엔 모두 카메라 기능이 있는 스마트폰을 갖고 다닌다. 그냥 가서 "같이 사진 찍어도 될까요?"라고 말한다. 얼마나 많은 사진을 모을 수 있는지 알게 되면 정말 깜짝 놀랄 것이다. 내가 처음으로 포토월 도서관을 본 것은 뉴욕 주 폴링에 있는 노먼 빈센트 필Norman Vincent Peale 박사의 사무실을 방문했을 때였다. 나는 그의 포토월을 보고 정말 압도당했다. 필은 알아둘 만한 가치

가 있는 모든 사람을 알고 있었고 그들과 친구가 되었다. 그날 이후 나도 이것을 목표로 삼았다. 물론 그날 필과 사진을 찍은 것은 말할 것도 없다.

당신이 캘리포니아 주 뉴포트 비치에 있는 우리 사무실에 들를 기회가 있다면, 회의실에 붙어 있는 세계 유명인사의 사진을 보고 깜짝 놀랄 것이다. 지금까지 나는 전 세계의 유명인과 만나기 위해 노력해 왔다. 나는 이 사진들을 웹사이트, 책, 브로슈어, 뉴스레터 등에 모두 올렸다. 그 이유는? 바로 신뢰감을 주기 때문이다. "와, 진짜 유명한 사람인가 봐, 같이 있는 사람들이 다 누구야? 제이 레노, 로버트 슐러 박사, 빌리 그레이엄, 미국 대통령과 함께 있다니…"라는 말이 절로 나올 것이다.

10. 네트워커들은 목록에 있는 사람들과 적극적으로 연락을 취한다. 마스터 마케터들은 고객에게 잊히지 않으려면 1년에 일곱 번은 연락을 취해야 한다고 알고 있다. 아니면 절대로 잊을 수 없거나 완전히 기억에 남을 수 있을 정도로 좋은 인상을 심어줘야 한다. 전화나 편지, 팩스, 오디오, 비디오 테이프, 이메일 또는 그 어떤 수단을 통해서든 사람들과 계속 연락을 취해야 한다.

마스터 마케터들은 정기적으로 정보를 보낸다. 그들에겐 A 리스트가 있어, 파티에 초대를 하고 가족사진 등을 보내준다. 친구가 관심을 가질 만한 기사 또는 카드, 편지, 감사 인사, 메모, 테이프, 노트, 이메일 등을 1년에 여러 번 보내면 우정과 네트워크 자산 쌓기에 정말 도움이 된다.

우정과 네트워크 자산은 사업과 삶의 수준에 급격한 상승을 가져온다. 왜냐하면 그들이 당신을 기억하지 못한다면, 그들은 당신을 언급 또는 추천하거나 당신에게 일을 맡길 수 없기 때문이다. 케빈 켈리Kevin Kelly는 자신의 책 『신경제의 새로운 규칙New Rules for the New Economy』에서 "네트워크로 연결된 사회가 지구를 감싸고 있다."고 말한다.

11. **마스터 네트워커는 기능과 이벤트를 창출한다.** 가장 위대한 네트워킹 기능 전문가 중 하나는 출판인 말콤 포브스Malcolm Forbes였다. 그가 열었던 파티만 봐도 알 수 있다. 탕헤르에 있는 그의 집으로 온갖 유명인을 데려오는 데 200만 달러가 들었지만, 다음 달, 『포브스』지는 10억 달러 상당의 광고 수익을 거둬들였다.

말콤은 "더 캐피탈리스트 툴The Capitalist Tool"이라는 이름의 럭셔리 요트를 소유하고 있었는데, 여기에는 헬리콥터, 경주용 보트, 영화관, 온갖 게임기와 편의시설 등 모든 것이 다 있었다. 말콤은 이 요트에 당대의 모든 대통령을 초대했고 그들과의 사진을 컵에 새겨 기념품으로 간직했다.

우리 중 요트를 소유하고 있는 사람은 거의 없을 것이다. 그럼 여기서부터 시작하자. 나는 초보 척추 지압사들에게 매달 한 번씩 무료로 아침 식사를 제공하라고 제안한다. 모든 클라이언트와 환자, 고객들이 그들의 친구들을 불러 아침 식사를 하면서 만날 수 있는 자리를 제공하는 것이다. 이 방법은 언제나 효과가 있다. 그날 당장 만족할 만한 성과를 내지 않아도 된다. 그저 당신이 해야 할 일은 반갑게 미소를 지으며 악수하고 인사하면서 사람들을 만나는 것이다. 당신이 있는 바로 그곳에서부터 이벤트를 시작하라. 처음에는 작게 시작해 점점 규모를 넓혀 가라.

12. **네트워킹은 기술이다.** 내가 만난 사람들은 대부분 자신이 선택한 기술을 완전히 통달했다. 그들은 또한 뛰어난 네트워킹 기술을 가진 사람들을 롤모델로 삼았다. 뛰어난 대면 기술을 가진 대통령으로는 로널드 레이건, 조지 W. 부시, 빌 클린턴과 힐러리 클린턴 부부가 있다. 이들의 공통점은 우선 친밀감 넘치는 태도를 지녔다. 동시에 카리스마가 있지만, 미소를 잃지 않으며 진심 어린 마음으로 악수를 청한다. 상대방을 즉시 무장해제시키고 편안하게 만들면서도 강인한 정신으로 상대방을 포용한다. 이러한 인물들은 상대방에게 빠르게 질문하고 상대의 말을 진지하게 듣는다. 우리는 사람들이 하는 말을 진지하게 경청하고 이에 응답할 줄 알아야 한다. 모든 분야의 훌륭한 전문가들은 네트워킹 기술을 마스터한다. 우리도 네트워킹을 배워야 한다. 마스터 롤모델을 주의 깊게 관찰하고 네트워킹에서 배워야 할 모든 교육을 수강한다. 크라이슬러 코퍼레이션의 전 회장, 리 아이아코카Lee Iacocca 와 같은 위대한 인물들을 탐구해보라. 그는 개인적으로 배워야 할 모든 교육 훈련을 거쳤고, 실제로 직원들에게 데일 카네기 과정을 듣거나 토스트마

스터즈 인터내셔널Toastmasters International 또는 미국 강사협회 National Speakers Association에 의무적으로 가입하게 했다.

당신이 최고의 사람들과 어울릴 때, 그들의 이로운 마음이 옮겨와 스며들게 된다. 그리하여 이내 당신은 네트워크 마스터가 될 것이다. 『학습 혁명Learning Revolution』의 저자인 재닛 보스Jeannete Vos는 "더 많이 연결될수록 더 많이 배울 수 있다."라고 말했다.

당신의 네트워킹 목표는 엄청나게 많은 수의 친구를 사귀는 것이다. 새로운 친구들을 계속 만나라. 옛 친구와의 관계를 유지하고 누가 진정한 친구인지 알아내라. 당신이 어려움에 처했을 때 어깨를 서로 맞대고 힘을 모아 당신 편이 되어 줄 수 있는 친구를 가려내라.

연락처 목록을 계속 확장하고 늘려라. 그것은 헤아릴 수 없을 만큼 가치가 있는 자산이다. 두려움 없는 네트워커가 되어라. 당신이 아끼고 당신이 대접하고 또 당신이 대접받고 싶은 유능한 사람들의 이름으로 목록을 만들어라. 처음에는 이 과정을 시작하는 게 어려울 수 있지만, 당신이 만나고 싶어 하는 모든 사람을 만날 수 있도록 도와줄 많은 친구들이 나타날 것이다. 열정적인 "슈퍼 네트워커"를 잘 찾아라. 그들은 반드시 존재한다. 그들과 친구를 맺어라.

당신의 그룹이나 단체 또는 업계에서 누가 슈퍼 네트워커인지 물어보라. 그들은 마스터 네트워커이기 때문에 당신을 만나서 감동하게 하고,

심지어 어떻게 도와주면 되는지 물어볼 것이다. 당신이 만나고 싶은 사람을 슈퍼 네트워커에게 말하라. 당신이 누구를 만나고 싶은지 정확히 안다면, 그들의 이름을 말하라. 당신도 모르는 사이에 그 사람 앞에 서 있는 자신을 발견하게 될 것이다.

많은 사람이 기꺼이 당신을 돕고 싶어 한다는 사실을 명심하라. 그들이 바라는 것은 크지 않다. 그저 당신도 언젠가 어디선가 다른 사람을 만나면 받았던 호의를 그들에게 전달하면 된다.

성취하고 싶은 것이 있다면, 당신이 몸담고 있는 업계나 협회, 직장 또는 전 세계의 잡지나 신문을 살펴본다. 네트워크가 더 좋을수록 네트워크가 더 높다는 점을 기억하라.

# 무한히 성장하라

이 장에서는 모든 역경을 딛고 위대함을 이룬 사람들의 실제 사례를 몇 가지 소개하려고 한다. 그들의 사례는 당신이 자신만의 위대함을 성취할 수 있도록 영감을 불어넣어 줄 것이다.

그들은 나폴레옹 힐이 말한 "인간이 생각하고 믿을 수 있는 것은 무엇이든 이룰 수 있다."는 진리를 몸소 실천한 인물들이다.

### 블랙 다이아몬드

≫ 위대한 흑인 지도자 부커 T. 워싱턴Booker T. Washington 부터 시작해보기로 하자.

부커 T. 워싱턴은 1856년에 태어나 어머니의 손에 자랐다. 당시 웨스트버지니아 주 몰든에서는 글을 읽을 줄 아는 흑인이 없었다. 그때 오하이오 주 출신의 한 젊은 흑인이 당대 최고의 책이었던 웹스터 철자교본을 가지고 어린 부커에게 읽는 법을 가르쳐 주었다. 부커는 그 책을 너무 많이 읽어서 어른들은 그를 "책벌레"라고 부르기 시작했다.

아이들은 별명을 가지고 그를 놀렸다. 부커가 학교에 갔을 때, 선생님은 그에게 "이름이 뭐니?"라고 물었다.

"부커요."

"성은 뭐니?"

"부커 워싱턴이요." 부커는 자랑스럽게 자신의 이름을 말했다. "워싱턴"은 그가 아는 한 역사상 가장 자랑스러운 이름이었다.

그의 대답은 나중에 증명되었다. 훗날 앤드류 카네기는 이런 말을 남졌다. "역사에 두 명의 워싱턴이 있다. 한 사람은 흑인이고 한 사람은 백인이다. 둘 다 미국인의 아버지다."

많은 어려움을 겪은 후, 부커는 1872년에 버지니아 주 버지니아 비치에 있는 햄튼 학교Hampton Institute에서 수학했다. 결국, 부커는 앨라배마주에 미국 최초의 흑인 직업학교인 터스키기 기술학교Tuskegee Institute를 설립했다.

부커 워싱턴은 위대했다. 그는 크게 믿고 큰 것을 이루었다. 그는 대부분의 사람이 불가능하다고 생각했던 것을 성취했다. 흑인도 그들만의 학교를 가질 수 있고, 배울 수 있으며, 학위도 딸 수 있다는 것을 증명해 보였다. 부커는 흑인을 교육하는 데 전념하겠다고 신에게 맹세했다. 그의 목표는 평범한 사람들을 위대하게 만드는 것이었다. 그는 모든 사람이 싹을 틔워 꽃을 피우며 열매를 맺게 되기를 바란다고 말했다. 그는 또한 "성공은 인생에서 얻은 지위가 아니라 그 지위를 얻기 위해 극복해야 하는 장애물에 의해 측정된다는 사실을 알게 되었다."라고 말했다.

부커는 2학년 때 "노블레스 오블리주"라는 단어를 처음 들었다. 그에게 있어 이 말은 좋은 학교 교육을 받은 사람들이 그들 자신보다 불운한 사람들에게 기회를 물려줄 도덕적 의무가 있다는 의미로 이해했다.

그에게는 가르치고 나누고 싶은 잠재의식적 열망이 있었다고 말했다. 그는 시구를 인용하며 가르쳤다.

"우리의 메아리는 영혼에서 영혼으로 흘러간다."

그는 배우고 공유했다. 더 많이 배우고, 더 많이 벌어서, 더 많이 공유하라.

터스키기에 있는 박물관을 방문했을 때, 나는 그곳에서 부커 T. 워싱턴의 인용문 모음집인 『블랙 다이아몬드Black Diamonds』라는 책을 보았다. 이들 인용문은 그가 이것을 썼을 때와 마찬가지로 오늘날에도 여전히 적용되고 있다. 당신도 이 책을 읽고 음미하며 깊이 새겨보길 바란다.

### 터스키기의 마법사
≫ 부커 T. 워싱턴과 동시대인인 조지 워싱턴 카버George Washing-ton Carver는 미국의 가장 위대한 과학자이자 교육자이며 발명가이다.

노예제도가 폐지되던 1864년에 태어난 조지는 머리와 눈이 모두 갈색이어서 작은 갈색 새처럼 보이는 병약한 아이였다. 그는 목소리도 가늘고 말도 더듬었다. 하지만 모든 생명체를 사랑했다. 숲을 좋아했고 자연의 모든 것을 연구했다. 그는 고모 마리엘이 준 성경책을 읽는 것을 좋아했다. 또한, 혼자 아코디언을 연주하는 것도 배워 외로울 틈이 없었다.

노예제도가 폐지된 후, 흑인은 학교에 들어가기가 어려웠지만, 조지는 열두 살 때 학교에 입학했다. 그는 누구보다 빨리 배웠다. 다른 학생들이 배우는 기간의 절반 만에 모든 과정을 끝냈다. 그 이유는 누구보다 배움에 목말랐기 때문이다. 또한, 누구보다 흑인들을 돕고 싶었기 때문이다.

조지의 선생님인 에타 버드Etta Bud의 권유로 그는 서른 살의 나이에 아이오와 주립대학의 농과대학에 입학하게 되었다. 그리고 지리학, 식물학, 화학, 동물학을 모두 섭렵하고 우수한 성적을 거두었다. 그는 자신이 더 많이 배울수록, 다른 모든 사람들, 특히 목화와 담배를 과도하게 재배하여 땅을 황폐화시키고 있는 남부의 흑인 농부들도 더 많이 배우기를 원했다. 조지는 '농부들에게 더 나은 농장을 만드는 방법을 가르칠 수 있다면, 사람들을 위해 좋은 일을 하는 거겠지.'라고 생각했다.

조지가 아직 채 유명해지기도 전에, 터스키기의 부커 T. 워싱턴은 그에게 눈독을 들였다. 부커는 조지가 터스키기에 와서 새로 신설한 농학부에서 가르치길 원했고 조지도 어린 흑인 농부들에게 흙, 식물, 농사에 대해 가르치고 싶었다. 조지는 부커 T.에게 편지를 보내 "우리 흑인들에게 가장 큰 이익을 주는 것이 내가 늘 꿈꾸어오던 것이었습니다. 저는 이것을 위해 지난 수년간 스스로 준비해왔습니다. 이러한 교육이 우리 흑인들에게 자유로 가는 황금의 문을 여는 열쇠라고 생각합니다."

그런데 조지가 터스키기 기술학교에 막상 도착하고 보니, 건물 한 동이 전부였다. 그곳은 아름다운 건물과 잔디밭으로 뒤덮인 아이오와 주립대학과는 완전 달랐다. 여기는 온통 흙뿐이었다.

부커는 재료를 사기 위해 돈을 모았다. 농학부 건물은 조지가 설계하고 학생들이 벽돌을 하나하나 쌓아 올려 지었다. 카버 박사는 처음에 13명을 데리고 시작했다. 학생들의 불평이 없었던 것도 아니다. 그들에겐 실험실도, 도구도 없었으니까.

카버 박사는 이렇게 말했다. "징징거릴 시간이 없다. '아, 나에게 이런 저런 게 있었더라면…' 이렇게 불평해 봤자 소용이 없다. 일단 시작하라. 주변에 있는 것을 찾아 최대한 활용하라."

학생들은 오래된 병, 항아리, 상자, 끈, 주석, 고무, 철사 등을 찾았다. 그들은 스스로 실험실을 짓기 위해 거침없이 쓰레기통을 뒤졌다.

조지 워싱턴 카버 박사에게는 평범하지 않은 야망과 자신보다 더 큰 목적이 있었고, 그는 이러한 자질을 위대한 결과로 바꿔놓았다. 그는 학교 부지에 20에이커 규모의 실험용 대지를 갖춘 농장을 만들었다. 그는 두 가지 방법으로 척박한 토양을 개선했다. 우선 고구마, 땅콩과 같은 작물을 심고 질소 비료를 뿌렸다. 그는 학생들에게 풀, 잎, 거름으로 퇴비를 만들고, 숲이나 늪에서 나온 기름진 흙으로 덮어 척박한 흙을 다시 비옥하게 만드는 법을 가르쳤다. 그런 다음, 완두콩, 콩, 땅콩과 같은 콩과 식물을 심었다. 꼬투리 안에서 자라는 콩과 식물은 공기 중의 질소를 흡수하고, 자라면서 뿌리를 통해 배출해 토양을 비옥하게 한다. 그는 또한 윤작 시스템을 개발하여, 담배와 면화만을 재배하던 남부 지역을 해방시켰다.

카버 박사는 터스키기에서 가장 인기 있는 선생님이 되었다. 그는 학생들이 모든 식물과 곤충에 대해 알기를 바랐다. 학생들은 선생님을 놀리려고 개미나 딱정벌레, 거미, 나방 등을 잡아서 그 곤충들을 반으로 자른 다음 다른 부위를 접착시켜 정체 모를 새로운 곤충을 탄생시켰다. 그리고 그것을 카버에게 들이대면서 "이게 뭐예요?"라고 물었다.

그러면 그는 "글쎄, 속임수humbug (영어 단어에 bug(곤충)가 들어가는 언어 유희-옮긴이) 아닐까?"라고 받아쳤다.


카버 박사는 모든 농부가 고구마를 심기를 원했다. 고구마는 기르기 쉽고, 땅에 질소를 보충한다. 다음 해, 농부들은 그 땅에 다시 목화를 심을 수 있고 최고의 농작물을 거둘 수 있다. 문제는 재배한 고구마를 팔 시장이 없다는 것이었다.

카버 박사는 문을 잠그고 실험실에 틀어박혔다. 그는 고구마로 밀가루, 녹말, 설탕, 당밀, 식초, 잉크, 염료, 접착제를 만들 수 있다는 것을 발견했다. 그리하여 100가지가 넘는 상품을 개발했고 농부들을 위한 새로운 시장을 개척했다.


1914년 목화 생산은 목화 바구미 때문에 흉작을 맞았다. 카버 박사는 손실을 본 목화 작물의 대체품으로써 땅콩을 홍보하기 위해 실험을 시작했다.

이때, 농부들은 그의 말에 기꺼이 귀를 기울였다. 카버 박사는 땅콩으로 만들 수 있는 105가지의 다른 식품을 발견하고, 땅콩버터를 포함한 300가지 이상의 새로운 제품을 개발했다.

카버는 땅콩으로 만든 것으로만 식사를 차린 적이 있다. 수프, 치즈, 우유, 버터밀크, 치킨, 크림, 야채 샐러드, 쿠키, 아이스크림, 그리고 커피까지 모두 땅콩으로 만들어 본 것이다. 그가 말하기 전까지 손님 중 누구도 그 음식들이 모두 땅콩으로 만들어졌다는 사실을 알지 못했다.

카버 박사는 또한 땅콩으로 분말 세제, 표백제, 구두약, 금속 광택제, 잉크, 오일 지우개, 식용유, 액슬 그리스, 소 사료, 염료(30가지), 플라스틱, 샴푸, 비누, 면도 크림을 개발했고 심지어 땅콩 껍질로 리놀륨과 고무도 만들었다. 그는 절박한 농부들에게 자신의 발명품을 보여주고 싶은 마음에 바퀴 달린 이동식 장비도 만들었다.

카버 박사의 우등생들은 자신이 배우고 깨달은 것을 농부들과 공유했고, 그들에게 희망과 수익과 미래를 안겨주었다. 카버 박사의 관점에서, 신은 그에게 이러한 발명품을 주었고, 그는 이들 발명품을 타인에게 줄 수 있는 영광을 얻었다.

그 결과, 터스키기는 1906년까지 156명의 교사, 83개의 건물, 1,500명의 학생을 보유한 학교로 성장했고 카버 박사는 "터스키기의 마법사"라고 불렸다.

그는 획기적인 발명품들을 통해 혼자 부자가 될 수 있었지만, 다른 사람들이 발전할 수 있도록 자신의 아이디어를 내주었다. 사실, 그는 평생 모은 돈을 인류를 위한 연구에 기부했다. 그는 "세상을 다 가졌는데 돈이 다 무슨 소용이냐?"라고 말했다.

카버 박사는 세계 최고의 발명가 토머스 앨바 에디슨과 함께 일하는 것을 거절했다. "에디슨 씨, 제가 당신과 함께 간다면, 제 작품은 제 것으로 알려지지 않을 것이고, 제 사람들은 그 공로를 인정받지 못할 것입니다. 저는 제 사람들이 무엇을 하든 그 공로를 인정받기를 바랍니다."

그는 터스키기에서 고구마와 땅콩을 윤작하던 중 마음의 밭에서 수많은 다이아몬드를 발견했다. 가진 자원이 무엇이든 진지하게 묻고 자신감과 용기를 가지고 앞으로 나아가는 사람에게 답이 찾아온다.

괴테는 "대담함은 그 안에 힘이 있다."라고 말했다. 카버는 노예에서 막 벗어난 흑인 농부들이 자신들의 농장에서 목화 이상의 현금화할 수 있는 작물을 재배할 기회를 갖기를 원했다. 창의력과 상상력 덕분에 그는 모든 이를 이롭게 할 수 있었다.

누구에게나 상상력은 있다. 우리 각자는 자기 자신과 타인을 위해 새롭고 수익성 있는 해결책을 개발할 수 있다. 단 하나의 위대한 발명품만 있으면 당신과 가족, 그리고 이 세상을 풍요롭게 할 수 있다.

카버 박사는 창의적으로 일하면서 모든 이의 존경과 사랑, 찬양과 감사를 받았다. 그는 멈추지 않고 나아갔다. 당신도 그럴 수 있다. 인종도, 교육의 부재도, 물자의 부재도, 기회의 부재도 카버의 발목을 잡지 못했다.

당신도 마찬가지다. 당신이 허락하지 않는 한 그 무엇도 당신을 막을 수 없다. 만약 여러분이 자신을 압박하는 거대한 문제에 직면했다면, 문제를 샅샅이 뒤집어보고 숨어 있는 이득이 있는지 찾아보라.

나폴레옹 힐은 "모든 역경에는 그 역경에 맞먹거나 더 큰 이익이 숨어 있다."라고 말했다. 카버가 했던 것처럼 새로운 방식으로 생각하면 역경은 큰 자산이 된다.

카버는 다른 사람들을 돕고 그가 할 수 있는 최선을 다했다. 바라건대, 우리 각자도 똑같이 부름을 받고 행하게 되기를 바란다. 우리가 비전을 갖고, 같은 생각을 가진 사람과 비전을 계속 확대하고 공유해 나가면, 무한 성장이 가능하다.

우리 안의 부커 T. 워싱턴과 조지 워싱턴 카버를 깨워야 한다. 이 두 워싱턴은 무에서 유를 창조했고 우리도 그렇게 할 수 있다.

### 100개의 "고래의 벽"

≫ 다음에 살펴볼 인물은 로버트 와일랜드Robert Wyland라는 멋진 내 친구다. 초등학교 때부터, 와일랜드는 예술적 능력이 뛰어나다는 소리를 들었고 온종일 그림만 그렸다.

한번은 이모가 그를 해변으로 데려간 적이 있었는데, 거기서 그는 고래가 수면 위로 솟구쳐 오르는 모습을 보았다. 그는 즉시 고래를 그리기 시작했지만, 처음에 그의 작품은 팔리지 않았다. 그럼에도 불구하고, 그는 시장을 찾을 때까지 끊임없이 작업했다.

와일랜드는 캘리포니아의 라구나 비치에 첫 갤러리를 열었고, 건물

벽에 첫 "고래의 벽Whaling Wall" 그림을 그렸다. 이건 직접 보면 정말 장관이 아닐 수 없다. 태평양 해안 고속도로를 따라 운전하다 보면, 이 그림을 그냥 놓치고 지나칠 수 없다. 많은 사람이 실제로 차를 세우고 그 그림을 한참 바라본다. 그러고 나서 그들은 자신도 모르게 갤러리로 들어간다. 와일랜드는 현재 전 세계에 걸쳐 40개의 갤러리를 가지고 있다.

와일랜드의 임무는 모든 세대가 바다와 그 안에 사는 생명체에 대해 더 많이 알고 관여하도록 영감을 주는 것이다. 그의 목표는 와일랜드 재단을 통해 소중한 해양 자원을 알리고 보호하는 것이다. 그는 시장을 계속 확장하면서 현재 미국 전역에 100개의 "고래의 벽"을 그렸다.

1993년에 개봉했던 「프리 윌리Fee Willy」라는 영화를 기억하는 사람도 있을 것이다. 와일랜드는 멕시코로 가 "고래의 벽"을 그리고 이 그림을 200만 달러에 팔았다. 그리고 윌리를 연기한 고래 "케이코"를 멕시코에서 미국 오리건까지 데려오는 데 그 돈을 몽땅 썼다. 그런 다음에도 케이코가 다시 자유를 찾아 풀려날 때까지 돌볼 수 있을 충분한 돈을 모으기 위해 또 다른 "고래의 벽" 그림을 그렸다.

와일랜드는 위대한 정신과 위대한 마음을 가진 위대한 사람이다. 그는 지구상에서 해양 이미지를 담아내는 가장 위대한 마스터다. 그는 자신이 지구를 구하기 위한 임무를 수행 중이라고 확신하고 있으며 사람들이 고래, 돌고래, 거북을 포함하여 다른 환상적인 해양 생물들의 바닷속 불가사의를 발견하도록 도와준다. 난 그가 진정한 개혁 운동가라고 생각한다.

가족과 함께 하와이에 있는 와일랜드의 집에서 며칠 동안 머문 적이 있어서 그가 그림 그리는 모습을 자세히 볼 기회가 있었다. 그가 그림을 그리는 방식은 내가 글을 쓰는 방식과 비슷하다. 처음에는 그저 낙서처럼 평범하게 끄적거린다. 그러나 몇 초만 지나면 그림을 그리는 과정에 홀린 듯 빠져들게 된다.

그는 보통 눈으로 작업을 시작한다. 눈은 영혼으로 통하는 문이라고 하니 충분히 이해가 된다. 그는 "고래의 눈을 한 번만 본다면, 당신을 영원히 변화시킬 것이다."라고 말한다. 그는 마스터 중의 마스터다.

2003년에 나와 와일랜드, 잭 캔필드는 『바다를 사랑하는 사람들의 영혼을 위한 닭고기 수프: 놀라운 바다 이야기와 마음을 열어주는 와일랜드의 작품들Chicken Soup for the Ocean Lovers' Soul: Amazing Sea Stories and Wyland Artwork to Open the Heart and Rekindle the Spirit』이라는 책을 함께 작업했다.

와일랜드는 바다를 향한 사랑과 그가 봤던 고래만을 가지고 시작했다. 그는 선견지명이 있는 리더였다. 그는 지구상에서 가장 유명하고, 가장 사랑받고, 가장 창의적인 사람 중 한 명이 되었고, 영원히 성장할 수 있는 위대하고 유기적인 무언가를 창조해냈다. 지구의 시민으로서 그의 꿈은 바다를 빨리 구하는 것이다. 이 책의 목적은 평범한 생각으로 시작해 비범한 무언가를 이룩할 수 있도록 돕는 것이다. 그 아이디어가 특별하면 당신도 자연스럽게 특별해질 수밖에 없다. 그 아이디어에 당신의 마음을 항상 열어두어야 한다.

### "나는 특별해"

≫ 이제 스타벅스의 창업자인 하워드 슐츠Howard Schultz에 관해 이야기해 보자. 사람들은 수백 년 동안 커피를 마셔왔다. 누군가 커피 가게를 사업화하여 전 세계적인 만남의 장으로 만들 생각을 해냈다면 누가 믿겠는가?

하워드는 시애틀의 스타벅스 매장 한 곳에서 시작했다. 하지만 그는 모두에게 스타벅스가 맥도날드보다 더 클 것이라고 말하고 다녔다. 그의 목표는 전 세계에 매일 하나의 스타벅스 매장을 여는 것이었는데, 그는 이 목표를 다 이뤘고 지금도 진행 중이다.

아직도 크게 생각하기를 꺼리는가? 네트워크를 확장하라. 꿈을 계획하고 밖으로 나가 그 꿈을 키워라.

앤드류 카네기의 사례를 통해 내가 배운 교훈은 보통 사람들이 큰 생각을 하고 위대함을 성취하는 것에 있어서 이미 선택받은 특권층보다 유리할 수도 있다는 것이다. 당신에게 유명한 친척이나 고위직의 지인이 없을 수도 있다. 당신은 지금 최저 임금을 받고 일하는 평범한 노동자일 수도 있지만, 이건 아무런 문제가 되지 않는다. 당신을 무한 성장하게 하는 것은 스스로 "특별한 사람"이 되겠다는 결심이다.

흑인 지도자인 제시 잭슨Jesse Jackson은 항상 학교에서 아이들에게 가슴을 손으로 두드리면서 "나는 특별해."라고 말하게 한다. 이렇게 해본 적이 없다면 한번 해보라. 이 장의 핵심 메시지는 목표를 가졌다면 누구든지 특별한 사람, 영향력을 가진 사람, 권한을 가진 사람, 부를 가진 사람이 될 수 있다는 것이다.

아직 목표가 없다면, 이제 당신의 목표는 몇 가지 목표를 세우는 것이다. 당신은 변화를 일으키고, 크게 생각하는 기술을 터득한 특별한 사람이 될 수 있다. 그리하여 당신의 목표를 달성한 후 다른 사람들로 하여금 또다시 그들의 목표를 성취하도록 영감을 불어넣을 수 있다.


부자 동네에 살고 싶은가? 집을 여러 채 소유하고 싶은가? 10만 달러가 넘는 고급 자동차를 몰고 싶은가? 이것은 크게 생각하고 목표를 달성하기 위해 체계적인 단계를 밟아온 결과이다. 당신이 살고 있는 도시에서 유명한 사람이 배출된 적이 없다면? 그러면 당신이 최초의 유명인이 될 수 있다.

당신이 교육을 제대로 받지 못했다고 생각한다면, 독학으로 배우면 된다. 짐 론은 항상 이렇게 말했다. "교육이 끝난 지점에서 진정한 교육이 시작된다."

졸업식은 시작을 의미하며 끝은 다시 시작이다. 학위가 많든 적든 상관없다. 중요한 것은 얼마나 전념하느냐이다. 당신이 하루에 한 시간씩 꾸준히 스스로 공부하기로 선택한다면, 5년도 채 되지 않아 당신은 그 분야의 역대 전문가 중 한 명이 될 것이다. 특별한 공로상이나 표창, 트로피,

메달이 있는지는 중요치 않다. 만약 당신이 충분히 잘 해낸다면, 많은 명예학위와 박사학위도 받게 될 것이다. 박수를 받고 상을 받고, 그리고 여행도 다니게 될 것이다.

많은 사람이 일생에 한 번도 여행하지 못한 채 죽는다. 만약 당신이 모든 흥미롭고 매력적인 장소를 방문하고 싶다면, 얼마든지 가고자 하는 곳으로 갈 수 있다. 당신은 모든 화려하고 특별한 집들과 인상적인 명소나 궁전에 갈 수 있고 세계의 모든 멋진 도시들을 볼 수 있다.

종종 여러분은 외롭고, 아프고, 병들고, 고통을 겪는 영혼들을 볼 것이다. 당신의 심장이 흔들리지 않고, 굳건하며, 앞으로 나아갈 때, 당신 주변의 모든 사람이 일어서도록 도울 수 있다. 당신은 250명의 사람에게 즉시 영향을 미칠 수 있고, 이 숫자는 당신이 원하는 만큼 커질 수 있다.

당신이 성공하게 되면, 많은 사람이 "내가 널 키웠지."라고 말할 것이다. 그러면 나는 그저 웃으며 모든 공로를 그 사람들에게 넘긴다. 그러나 결과는 내 것이다. 세계 최고의 보험 영업사원 중 한 명인 조 간돌포Joe Gandolfo는 "하나님, 제가 모든 공로를 인정해 드릴게요. 저에겐 수수료만 주세요."라고 말했다. 실로 많은 사람이 당신을 돕는다.

오늘 크게 생각하는 사람이 되기로 한 결심은 당신이 소인이든, 대인이든, 아니면 그 중간 정도의 사람이든, 모두와 친구를 맺을 수 있다는 의미이다. 당신은 VIP와 이름 뒤에 특별한 직함이 붙는 인사들과 인맥을 맺게 될 것이며 무명에서 유명인으로 거듭날 것이다. 또한, 교수, 유명 작가, 영향력 있는 정치인, 의사, 장군, 고위 성직자, 왕, 여왕, 그리고 세계의 여러 지도자들과도 친구를 맺고 동료가 될 것이다. 당신은 이렇게 말할지도 모른다. "잠깐만요, 마크. 전 아무런 조직도 없는데요."

예수의 열두 제자도 아무런 조직 없이 시작했다. 그들에겐 거칠고 서툰 손과 말만 있었다. 당신이 아무리 다듬어지지 않고, 미숙하고, 투박하고, 무지하다 해도 일단 시작할 수 있다. 그런 다음 점차 교양을 기르고 인내하며 감사의 태도를 익힐 수 있다. 당신 자신은 물론 당신 주변의 모든 사람을 최고의 정상으로 올려놓을 수 있다.

영원한 유산을 남길 수 있는데 왜 가난하게 죽으려 하는가?

당신은 당신만의 집, 당신만의 보험, 가장 좋은 은퇴 계획을 세울 수 있고, 재정적인 자유를 얻을 수 있다. 당신과 당신의 모든 친구를 위해 세금을 낼 돈을 모을 수 있다.

예수는 그렇게 했다. 그는 베드로에게 물고기를 잡아 그 입에서 동전을 찾으라 하였다. "네가 바다로 가서 낚시를 던져, 맨 먼저 올라오는 고기를 잡아서 그 입을 벌려 보아라. 그러면 은전 한 닢이 그 속에 있을 것이다. 그것을 가져다가 나와 네 몫으로 그들에게 내어라(마태복음 17:27)"

이것은 무엇을 의미할까? 당신이 내야 할 세금이 있다면, 그것을 내고 십일조를 납부하라. 그러면 당신은 푼푼함을 유지할 수 있고 당신에게 쏟아지는 온갖 좋은 것들을 누릴 수 있다.

3,000개의 도서관과 세계 평화에 대한 비전을 남긴 앤드류 카네기와 같은 유산을 남겨라. 1910년, 그는 카네기 국제평화재단을 설립했다. 1914년, 제1차 세계대전이 발발하려 할 때 아무도 세계적인 전쟁이 될 줄 몰랐지만, 카네기는 이것이 역사상 가장 큰 전쟁이 되리라 예측했다.

그는 독일의 카이저 빌헬름 2세와 면담했다. 카네기는 그와 마주 앉은 자리에서 수표에 서명하고는, 그것을 테이블 위로 슬쩍 밀면서 "전쟁에 참여하지 않는다면, 이 수표에 원하는 만큼 금액을 적어 가지시오."라고 말했다. 카이저 빌헬름은 수표를 찢어 카네기의 얼굴에 던지고 당장 나가라고 말했다. 당시 카네기는 스코틀랜드의 성에 살고 있었지만, 앞으로 무슨 일이 일어날지 알고 있었기 때문에, 재빨리 가족을 데리고 피츠버그로 돌아갔고, 전쟁이 끝날 때까지 그곳에서 지냈다.

앤드류 카네기는 나에게 큰 영감을 주었다. 그는 수많은 도서관을 짓고 평화에 대한 열망을 보여주었을 뿐만 아니라 뉴욕 카네기홀을 지어 훌륭한 콘서트를 개최하면서 크게 생각하기를 실천했다.

뉴욕에 갈 기회가 있다면, 그의 집을 들러보길 권한다. 그가 행동을 취하도록 영감을 준 확언들이 벽에 새겨져 있는 것을 확인할 수 있다.

## 더 좋게 발전하기 위해

≫ 당신이 미혼이라면 크게 생각하는 것이 결혼하는 데 정말 도움이 된다. 난 31년간 독신이었다. 나는 항상 매우 지적이고 뛰어난 자제력을 갖춘 아내를 맞을 것이라고 적어두었다.

캐빗 로버트가 내게 말했듯이, 난 오랫동안 나 자신과 결혼했었다. 이것이 전적으로 사실이긴 하지만, 나와 아내는 균형을 맞추며 서로를 완벽하게 보완해주는 사이이다.

당신이 기혼이라면, 배우자로부터 우정과 동료애, 지지(그리고 원한다면 아이도)를 한꺼번에 얻을 수 있고, 이것은 당신의 인생에서 가장 위대한 보물 중 하나가 될 것이다.

아내와 나는 매년 다시 결혼을 하고 결혼 서약서를 쓴다. 처음 결혼 서약서에 이렇게 썼다. "우리는 점점 더 나아지기 위해 결혼했습니다."

맹세한 것을 얻는다면 좋든 싫든 결혼을 하지 않겠는가?

지그 지글러는 전국을 여행하다가 어떤 남자를 만났다. 그는 검지손가락에 결혼반지를 끼고 있었다. 지그가 그에게 물었다. "실례합니다만, 결혼반지를 잘못 낀 거 아닌가요?"

그 남자는 "잘못된 여자와 결혼해서요."라고 대답했다. 그는 자신이 올바른 사람이 되는 것에 대해 생각해 본 적이 없는 듯했다.

우리는 결혼 서약에서, 건강하고 더 건강해지기 위해 결혼한다고 말한다. 이는 우리가 건강 문제를 겪지 않으리라는 것을 의미하는 게 아니다. 다만 우리가 어떻게든 해결하리라는 의미인 것이다.

수년 전 어느 토요일 밤이었다. 아내와 내가 자고 있는데, 딸이 들어와서 우리 사이에 파고들면서 말했다. "엄마, 아빠, 콧속에 버들강아지를 넣고 '흡' 하고 들이마셨는데 나쁜 건가요?"

내 아내는 잠귀가 어두워서 한번 잠들면 여간해서는 안 깨는데, 그날따라 벌떡 일어나 물었다. "뭘 했다고?"

딸은 "버들강아지가 코로 딸려 들어갔어요."라며 왼쪽 눈썹 위를 가리켰다. "지금 여기 있어요, 엄마. 그리고 정말 아파요."

우리는 바로 응급실로 갔다. 그때는 한밤중이었고 의사는 절개 수술을 하지 않고서는 버들강아지를 꺼낼 방도를 찾지 못했다.

"그건 안 돼요."라고 내가 말했다.

"흠, 그럼 이걸 해보죠. 내가 만든 '시각화 실현'이라는 테이프가 있는데, 어떻게 하는 건지 간단하게 설명해 주겠소. 눈을 감고 트랜스 상태에 들어간 다음, 안쪽 눈을 45도 위로 기울여요. 그리고 60비트 박자의 음악이 필요해요. 파헬벨의 캐논 D 장조와 같은 음악이 있다면 그걸 틀겠지만, 지금은 없으니 그 리듬을 그냥 머릿속에서 생각하면서 '나는 해결책을 안다, 나는 해결책을 안다, 나는 해결책을 안다.'라고 말하는 거예요. 그러면 당신은 30초 안에 해결책을 찾게 될 거예요."

이 말을 들은 의사는 눈이 동그래졌다. 마치 갑상선 환자처럼 눈이 튀어나올 듯 놀라며 "골프를 함께 치는 소아과 의사 친구가 있어요. 이비인

후과 전문이죠."라고 말했다. 그때는 일요일 새벽 2시 30분이었지만, 그는 친구에게 전화를 했고, 그 친구는 "내일 아침 8시에 병원으로 한센 씨를 오라고 해요."라고 말했다.

우리는 병원에 갔고, 소아과 의사는 단 몇 초 만에 버들강아지를 아무런 고통 없이 쉽게 꺼냈다.

우리가 건강을 유지한다고 맹세할 때, 그것은 우리가 결코 어떤 병이나 증상이 나타나지 않을 것이라고 말하는 게 아니다. 우리가 그것을 어떻게 다루어야 할지 알아내리라는 것을 의미한다.

당신이 원하는 것-125년간 지속하는 더 많은 사랑, 더 많은 친밀감 등 어떤 선택지든-을 서약으로 써보는 것은 어떨까?

당신은 모든 것을, 빠르게 가질 수 있다. 지금부터 5년 후, 당신은 점점 커지는 제국을 가졌음에도 또 다른 제국을 탄생시킬 수 있다. 온 세상이 풍요로우며 기회로 가득하다. 당신은 되고 싶은 사람이 될 수 있다. 당신은 특별하며 아름다운 삶을 살 수 있다. 당신은 문제가 아니라 해결책이 될 수 있다. 당신은 불을 밝히고 어둠을 쫓아낼 수 있다. 두려움을 사라지게 하고 다른 사람들을 위해서도 그렇게 할 수 있다.

이걸 한번 생각해 보라. 당신이 이 책을 처음 읽기 시작했을 때 10퍼센트의 마인드 파워만 사용했고, 지금은 당신의 아이디어로 그 마인드 파워의 20퍼센트가 됐다고 치자. 이것은 100퍼센트가 증가한 것이다. 놀랍지 않은가? 돈으로 쳤을 때 10만 달러를 벌었다면, 이제 20만 달러를 버는 거다. 증가의 법칙에 따르면 "증가할수록, 더 많이 더해진다."

또한, 더해짐이 중단 없이 이루어질 것이라고 믿는 한 이러한 더해짐은 중단 없이 발생한다.

테드 터너Ted Turner의 경우를 보자. 그는 미국 땅의 1퍼센트를 소유하고 있다. 그의 별명은 "괴짜 캡틴"이었다. 그는 아버지의 작은 간판회사를 물려 받아 성공적으로 일을 해냈다. 그리고 그는 NBC에 가서 "실시간 뉴스"라는 개념을 팔려고 했다가 쫓겨났다. 그는 "좋아, 난 CNN을 만들거야."라고 말했다. 그러고 나서 자선가 중의 자선가가 되기로 결심했다. 그는 역대 처음으로 10억 달러를 기부한 인물로 기록되었다.

나는 이 괴짜 캡틴을 사랑한다. 나는 당신이 별날 수 있다고 생각지도 못 했던 수준에서 별나게 살았으면 한다. 왜냐하면 삶의 목적은 성장하는 것이기 때문이다. 자신을 성장시키고, 영적으로 성장시키고, 정신적으로 성장시키고, 신체적으로 성장시키고, 비즈니스를 성장시키고, 미래를 성장시켜라.

# 끝은 시작임을 명심하라

모든 끝이 새로운 시작이다. 우리들 대부분은 이런 식으로 끝과 시작을 인식하기 위해 진정한 패러다임의 변화를 겪어야 한다. 이렇게 할 수 있다면, 완전히 새로운 가능성과 성취의 세계가 열릴 것이다.

누구나 인과관계의 법칙을 알고 있다. 결과는 결코 원인보다 클 수 없다. 씨를 뿌리면 거둔다. 생각과 사물은 하나다. 원인과 결과는 하나다. 도토리는 떡갈나무가 된다. 결코 금귤이나 토마토가 될 수 없다.

이것을 동일성의 법칙이라고 한다. 어떤 사물은 다른 것이 아닌 그 자체가 되어야 한다는 뜻이다. 만약 당신이 10억 달러의 생각을 한다면, 10억 달러의 결과를 얻을 수 있다. 좋은 학생은 졸업생이 된다. 나쁜 학생은 좌초되어 졸업하지 못할 수도 있다. 젊고 저돌적인 사업가는 재벌이나 거대 기업 창시자로 진화한다.


나는 많은 졸업식 축사를 하면서 "모든 끝은 새로운 시작입니다. 졸업은 노력할 만한 가치가 있습니다."라고 말한다.

앞서 말했듯이 학교를 마치면서 비로소 진정한 교육이 시작된다. 스스로 공부하는 것이 완전한 새로운 시작이다.


### 달라이 라마의 지혜

≫ 난 수년 전 패서디나에서 열린 강연에서 달라이 라마 존자로부터 배울 수 있는 특권을 누렸다. 그는 수백만 티베트 불교 신자의 정신적 지도자이며, 이들 신자 중 다수는 중국 공산당에 의해 추방되었다. 그는

자애롭고, 친절하며, 깊은 혜안을 가졌다. 또한, 다작하는 작가이며 인간에 대한 과학적 이해가 뛰어나다.

그가 2만 명 청중 앞에 섰을 때, 내 눈에선 저절로 눈물이 흘러나왔다. 그의 존재 앞에서 내 심장의 차크라(산스크리트 용어로 원반 또는 바퀴를 의미한다. 물질적 혹은 정신의학적 견지에서 정확하게 규명될 수 없는 인간 정신의 중심부를 말한다-옮긴이)가 열리고 팽창되었다.

존자가 입을 떼고 처음으로 한 말은 "저는 그저 평범한 불교 승려입니다. 새 천년을 위한 인간의 가치, 이해, 윤리를 증진하기 위해 이곳에 왔습니다. 무한한 이타주의는 인간과 동물 세계에만 존재합니다."였다.

얼마나 멋진 개념인가! 이것이야말로 미국이 전 세계를 위해 오랫동안 해온 일이다. 대부분의 미국인이 돈을 많이 번 후에는 자선가가 된다. 감리교의 창시자인 부유한 영국 목사인 존 웨슬리John Wesley는 최고의 격언을 남겼다. "할 수 있는 모든 것을 벌고, 할 수 있는 모든 것을 저축하고, 할 수 있는 모든 것을 투자하고, 그러고 나서 할 수 있는 모든 것을 기부하라."

당신이 할 수 있는 모든 것을 주는 것이 이타주의이다. 항상 돈으로 줄 필요는 없다. 미소, 칭찬, 격려, 편지, 쪽지, 지지 또는 추천서만으로도 충분하다. 달라이 라마는 당신과 내가 무한히 이타적인 능력을 가지고 있다고 말한다. 당신이 충분히 이타적이고 마음속에 딴 속셈이 없다면, 더 큰 세계와 신과 무한한 지성은 완전히 새로운 목적을 갖게 되며 그것은 다시 당신을 향해 파급될 것이다.

이것은 물수제비와 같다. 돌이 호수로 나아가면서 물결이 퍼져나가기 시작한다. 물결은 점점 커지고 많아지고 강력해진다. 우주 안에서 무한한 이타주의를 전파할 때, 당장은 눈에 보이지 않을지도 모르지만 더 크고 원대한 선(善)이 당신에게 모여들 것이다.

달라이 라마는 계속해서 두려움을 없애나가는 것이 마음과 건강에 좋다고 말한다. 그는 문제를 다른 각도에서 보고, 정신과 관점을 넓히고, 분석 명상을 해야 한다고 말한다. 예를 들어, 문제를 한 방향에서만 바라볼 때, "실직 당했어."라고만 생각한다. 그러면 실망하고 낙담하고 우울해지기 시작하며, 마음의 문을 닫아버린다. 하지만 상황을 이런 식으로 바꿔서 보면 어떨까? "와, 드디어 회사에서 잘렸다. 지금까지 내게 일어난 일 중에 가장 최고의 일이야. 내게 360도의 가능성이 생겼다. 밖에는 나를 기다리는 3만 7,000개의 일자리가 있어. 이제 예전부터 하고 싶었던 일을 할 수 있게 되었어."

다른 각도에서 보기 시작하면 모든 것은 바뀐다.


나는 당신 안에 씨앗을 심을 것이다. 여러 다른 씨앗은 다른 색깔의 식물로 성장한다. 씨앗으로서의 생을 마감하고 싹을 틔우고 꽃을 피울 나무로 접어들면서 당신은 미래를 어떤 색으로 채우고 싶은가?

달라이 라마는 우리 모두가 사랑, 동정, 관용, 용서의 가치를 공유한다고 말한다. 우리가 궁극적인 목적지를 천국이라 부르든, 열반이라 부르든,

아니면 다른 이름으로 부르든 그것은 상관이 없다. 초교파적으로 된다는 것, 더 좋지 않은가?

몇 년 전, 나는 내 자존감을 시험하는 상을 받았다. 교회 및 유대교 회당 협의회에서 나를 올해의 인도주의자로 선정한 것이다. 나는 넬슨 만델라와 다른 위대한 인물들에게 수여된 이 위대한 상을 받을 자격이 없다고 느꼈다.

어쨌든, 이 단체는 사람들의 시각을 넓히기 위해 적어도 일 년에 한 번은 다른 교회, 유대교 회당, 또는 절에 가도록 종용함으로써 관용을 전파하려고 노력한다. 이런 일을 하는 사람들은 더 성장하고 영적으로 깨우침을 얻게 된다. 나는 종교의 최고 지도자들은 잘 싸우지 않는다는 것을 알게 되었다. 서로를 때려눕히려 하는 것은 밑에 있는 사람들이다.

달라이 라마 존자는 종교적 다양성이 인류애에 기여한다고 말한다. "우리는 다른 맥락에서 생각해야 한다. 차이점을 논의할 수는 있지만 많은 유사점이 있다는 것을 인정해야 한다."

각각의 종교는 고유한 가치를 가지며 서로의 종교를 더 풍요롭게 한다.

1999년 달라이 라마는 데스몬드 투투Desmond Tutu 대주교를 포함하여 주요 5대 종교를 대표하는 가장 위대하고 현명한 영적 지도자 15명을 소집했다. 그들은 전 세계적인 공통의 문제점에 대해 한목소리를 내면서 인류가 성숙하고, 건전한 땅에서 뿌리를 내리고, 더 건강하고 덜 폭력적인 세계로 돌아가기를 원했다. 또한, 핵무기와 다른 인간에 대한 비인간적인 행위 금지를 원했다. 비폭력은 단순한 대안 그 이상으로, 핵전쟁이 사실상 인류의 100퍼센트를 전멸시킬 수 있는 세상에서 꼭 필요한 것이다.

존자는 우리의 유일한 선택은 대화라고 가르친다. 우리는 서로 이야기해야 한다. 교류해야 하고 소통해야 한다. 달라이 라마는 위대하고 용감한 사상가이다. 그는 모든 사람을 위한 자유, 사랑, 건강, 행복, 평화, 번영을 원한다. 그가 결코 세상 물정을 모르는 것이 아니다. 그는 세계의 정신적 위기를 우리가 두 손을 들고 포기해야 할 이유가 아니라 함께 대화할 수 있는 새로운 기회로 보고 있다.

## 보물 같은 자기계발서

≫ 미국은 세계에서 가장 위대한 국가다. 그 이유는 부분적으로는 우리에게 자기계발서나 오디오, 비디오, 웹사이트 등이 있기 때문이다.

나폴레온 힐의 『생각하라, 그러면 부자가 되리라』와 같은 책들은 1930년대 미국이 대공황에서 벗어나는 데 큰 힘이 되었다.

그 어떤 다른 나라 또는 대륙도 미국과 같은 자기계발 상품을 가지고 있지 않다. 아시아나 아프리카, 러시아에는 자기계발 상품을 거의 찾아볼 수 없다. 그들에겐 데일 카네기나 웨인 다이어가 없다. 오그 만디노, 월러스 D. 와틀스, 밥 프록터, 켄 디치월드 또는 나폴레온 힐도 없다. 이러한 멘토들이 미국의 위대함을 키웠고, 미국의 가장 중요한 자산은 인간의 상상력이다.

필독서 『자기 혁신 아이디어 Circle of Innovation』의 저자인 톰 피터스 Tom Peters는 "훌륭하게 되지 못한 것에는 변명의 여지가 없다."라고 말한다. 다행스러운 것은, 멘토들이 위대함을 이루게 된 방법과 그들의 인생 경험을 전기와 자서전을 통해 우리에게 알려준다는 사실이다.

이들 전기나 자서전 중 한 권만 읽어도 우리는 훌륭함을 단시간에 압축적으로 배울 수 있다. 이 자료들은 당신 미래의 성공을 위해 이루 헤아릴 수 없을 정도로 도움을 준다.

여러분에게 10년 안에 천 권의 책을 읽어보라고 권유하고 싶다. 다시 말하면, 1년에 100권, 일주일에 2권을 읽는 것이다. 일주일에 한 권의 자기계발서와 한 권의 전기 또는 자서전을 읽어보길 바란다. 장담하건대, 당신의 소명을 깨우쳐줄 것이다.

나의 친구인 호주 출신의 피터 J. 대이얼스 Peter J. Daniels는 세계에서 가장 부유한 사람 중 한 명일 뿐만 아니라 설득력 있는 강연가이기도 하다. 그는 개인적으로 1,500권이 넘는 전기와 자서전을 읽고 분석했다. 그가 물었던 주된 질문은 "무엇이 위대한 사람을 위대하게 하는가?"이다. 그의 대답은 소명감이었다. 그는 모든 사람에게 소명감이 있지만 보통은 사회적 기억 상실과 일상생활에 묻혀 드러나지 않는다고 설명한다(나도 이에 동의한다).

다른 사람들이 행한 일과 이룩한 성과를 읽는 행위는 더 높은 자아,

영적인 자아를 일깨워 최대한 잠재력을 발휘할 수 있게 해준다. 당신이 깨달으면 당신 주변의 모든 사람들도 함께 깨닫게 된다. 참으로 멋진 일이 아닐 수 없다.

또 다른 나의 친구, 짐 트렐리즈Jim Trelease는 『하루 15분, 책 읽어주기의 힘The Reading-Aloud Handbook』의 저자이다. 그는 이 책을 통해 아이들에게 책과 친구가 되는 방법을 알려준다. 짐은 독서에 흥미를 잃은 사람들의 흥미를 되살려 줄 수 있다고 믿는다. 우리는 그들에게 독서가 재미있고 즐겁다는 것을 보여줄 수 있다.

문학은 IQ뿐만 아니라 마음 지수인 HQ를 높인다. 짐은 어릴 때 책을 읽는 사람들이 어떻게 평생 책을 가까이 할 수 있는지 알려준다. 또한, 소리 내어 책을 읽을 수 있도록 훌륭한 책들의 사례를 제시한다. 그는 좋은 경험을 안겨줄 사람이니 당신도 이 책을 잘 활용해 주었으면 한다.

### 목적을 달성하는 수단

≫ 돈은 그 자체가 목적이 아니라 목적을 위한 수단이라는 것을 명심하라. 짐 론은 "백만장자가 될 때 가장 큰 보상은 수백만 달러가 아니라 백만장자가 되기 위한 그 과정의 그 사람 됨됨이다."라고 말한다.

그는 끝을 구상하는 것이 꿈을 실현하는 시작이라고 덧붙인다. 대통령 후보들이 캠페인을 시작할 때 끝에서 시작한다. 그들은 취임식을 열고, 연설을 하고, 세계에서 가장 영향력 있는 사무실에서 승리를 수락하며 축하를 받는 장면을 시각화한다. 그들은 대통령 집무실에 있는 모습을 상상한다. 그들은 이 벅찬 일을 성취하기 위해 무엇을 해야 하는지 거꾸로 생각하고 상상한다.

그들은 아마도 어렸을 때부터 대통령이 되는 것을 처음 꿈꿨을 것이다. 그리고 성인이 되었을 때, 이 고위 공직자가 되기 위해 그들이 할 수 있는 모든 노력을 다해 빠르게 학습하기 시작했을 것이다. 그들은 정치, 경제, 법, 언어, 세계 정부, 그리고 세계 정세를 종합적으로 공부해야 했다. 또한, 설득력과 사고력, 대인 기술을 통달해야 했다. 그들은 자신들의 지력을 미래를 창조하는 데 적용할 수 있도록 일상적인 활동을 매우 쉽게 다룰 수 있어야 했다. 이 후보들은 대통령으로서의 역할을 적절히 가늠해보기 위해 과거 대통령의 삶, 성공, 그리고 실패를 연구했다.


나는 당신이 조금은 대통령처럼 생각하고 행동했으면 좋겠다.

이제 잠시 당신을 대통령 집무실로 안내하겠다. 내가 이렇게 할 수 있는 이유는 조지 부시 시니어의 특별 고문이었던 더그 위드Doug Wead와 절친한 친구이기 때문이다.

더그에 따르면, 대통령은 매일 아침 식사로 과일을 먹으며 빨간 파일을 받게 되고, 하루 중 가장 중요한 결정을 검토한다. 그리고 하루 동안 대략 80번의 회의를 한다. 따라서 대통령을 접견하는 대부분의 사람은 대통령에게 전달할 내용을 완벽하게 준비해서 가야 한다. 그들은 많은 시간이 주어질 거라고 생각하지만 실제로는 단지 2~3분씩만 할당된다. 그만큼 대통령은 빠르게 일을 처리할 수밖에 없다.

시간 효율성을 극대화하고 싶다면, 대통령처럼 생각해 보라. 당신의 상황과 일정을 관리하는 사람, 예컨대, 최고 정보 책임자 또는 당신이 주어진 시간에 가장 효율적이고 효과적으로 일을 처리할 수 있도록 위임할 사람을 곁에 두는 것이 좋다.

## 성공으로 가는 하루 2시간

≫ 제프리 랜트Jeffrey Lant 박사는 다작 작가이자 아마도 역대 가장 높은 보수를 받는 자기계발서 작가일 것이다. 그리고 모든 책을 본인이 직접 출판한다. 그는 처음부터 끝을 볼 줄 아는 남자였다.

제프리는 하버드에서 영문학을 전공하고 우수한 성적으로 졸업했다. 그는 부자의 방식으로 생각하길 원했고, 10년 계획을 세운 스토리보드를 만들어 벽에 붙여놓고 들여다보면서 영감을 받고 동기를 부여하고 목표를 상기했다. 당신도 이와 똑같이 할 수 있을까? 물론이다. 10년짜리 스토리보드 계획이 아직 없다면, 지금 하나 만들어 보는 것은 어떤가?

제프리는 우선 매일 글쓰기에 투자할 시간과 방향을 결정하고 글쓰기를 시작했다. 그는 영국 소설가 그레이엄 그린Graham Greene이 하루에 두 시간만 글을 쓰고 엄청난 성공을 거두었다는 사실을 알고는 자신도 무슨 일이 있어도 매일 두 시간씩 글을 쓰기로 결심했다.

그 방법은 이렇다. 두 시간 동안 5페이지 분량의 알찬 내용으로 기사를 쓴다. 그리고 이것을 다음 3가지 방법으로 판매한다.

우선, 특별 보고서의 형식으로 6달러에 판다. 그는 컴퓨터에 이것을 저장하고 고객이 돈을 송금했을 때에만 출력되도록 암호화했다. 컴퓨터 출력 비용이 4~11센트였으니, 그의 투자 수익은 꽤 큰 셈이다.

둘째, 그 특별 보고서를 기사로 활용하여 발행 부수가 적은 잡지사에 보내는 것이다. 미국에만 이런 잡지사가 1만 4,000개가 넘었고, 잡지사의 편집자들은 언제나 양질의 기사에 목말라 있다. 그들은 랜트의 통찰력 있고 신선한 기사를 자신들의 잡지에 기꺼이 게재해 주었다. 이런 식으로 제프리는 매달 150만 명 이상의 독자에게 노출된다. 단, 그에게 조건이 있었는데, 자신의 다른 글들도 짧게 홍보할 수 있게 해달라는 것이었다.

그의 기사 하단에는 "통찰력 넘치는 138건의 다른 기사를 보려면 매사추세츠 주 케임브리지의 제프리 랜트 박사에게 전화, 편지 또는 이메일을 주세요."라고 적혀 있었다. 이렇게 그의 노출은 잡지마다 천천히, 그러나 확실히 증가했다.

매년 1월 2일, 제프리는 600페이지 분량의 새로운 책을 쓰기 시작하여 7월 2일까지 마친 후, 한 권에 40달러에 판매한다. 그의 데이터베이스에는 100만 명 이상의 사람들이 저장되어 있고, 그는 2만 5,000권의 책이 40달러에 팔릴 것이라는 걸 확신한다. 다시 말해, 1월 2일에 시작해서 7월 2일에 끝낸 책 한 권에 대해 100만 달러의 수입이 생긴다는 뜻이다. 그런 다음 그는 유럽으로 가 옛 거장들의 그림을 산다.

제프리의 작은 작업실에는 7대의 컴퓨터가 있는데, 컴퓨터마다 다른 프로젝트를 작업하고 있다. 그는 특별 보고서를 기사로 만들고, 이것을 다시 책의 각 장으로 소분하는 시스템을 구축했다. 그는 하루에 두 시간밖에 걸리지 않는 같은 작업물에 대해 세 가지 방법으로 수익을 얻음으로써 다른 작가에 비해 수백만 달러를 더 벌어들이고 있다. 얼마나 기발한 발상인가?

제프리는 끝, 즉 자신이 되고 싶어 하는 종착지에서 시작했다. 그는 위대한 작가, 위대한 사상가, 위대한 저작자가 되기를 바라기도 했지만, 동시에 전 세계의 명작들을 수집하는 감정사가 되기를 원했다.

그러기 위해서는 짧은 시간 안에 엄청난 양의 돈을 벌어야 하는 도전을 할 수밖에 없었다. 그의 모델은 "복제"가 가능하다. 내가 여기서 이 방법을 소개하는 이유가 바로 이 때문이다. 여러분도 충분히 따라 할 수 있다. 나 자신도 그중 일부를 사용하고 있다.

### 10년 계획 스토리보드
≫ 제프리의 철학에서 우리는 무엇을 얻어낼 수 있을까?

첫째, 제프리는 10년 계획을 세웠다. 10년의 끝은 그의 시작이었다. 당신도 10년 계획을 세워 보라. 계획을 세우는 과정 자체가 정신의 확장을 가져올 것이다. 10년 후에는 어디에 살고 싶은가? 무엇을 하고 싶은가? 누구와 있고 싶은가? 얼마나 벌고 싶은가? 데이터베이스는 얼마나 커지고 얼마나 수익성이 있을까?

둘째, 10년 계획 스토리보드를 계속 연구하고 수정해가다 보면 머릿속에 끊임없이 아이디어가 떠오를 것이다. 일단 큰 아이디어가 떠오르면, 작은 아이디어들이 자연스럽게 생겨날 것이고, 이 작은 아이디어들이 큰 아이디어를 성취하는 방법을 알려 줄 것이다. 이 작은 아이디어들을 적어두고 기억하라. 그리고 특별한 것으로 만들어라.

셋째, 꿈을 공유하라. 이 꿈을 같은 생각을 하고, 용기를 북돋아 주고, 열정적인 사람들에게 보여주라. 꿈을 이야기할 때마다 당신에게 새로운 흥미와 새로운 아이디어가 생길 것이다. 당신의 비전이 유기적으로 발전하고 성장할 수 있도록 그 꿈을 기록해 두어라.

넷째, 일관된 공식, 즉 시스템을 만들어 한번 해보라. 그리고 그것으로 계속 수익을 얻어라. 이것은 단지 글쓰기에만 해당하는 것이 아니라 사업권(프랜차이즈)이나 사용권(라이선스) 등 많은 부문에서도 사용될 수 있다. 이 아이디어에 대해 깊이, 진지하게 심사숙고하라.

다섯째, 자신의 경계를 정하라. 제프리는 하루에 2시간씩 글을 쓰지만, 끊임없이 생각했다. 돈 버는 아이디어를 모으고 공유하려는 열망을 멈추지 않았고, 그에게는 이 과정이 무척 재미있었다.

이제 당신이 하는 일이 무엇이든 재미있을 거라고 확신을 갖는 건 어떤가? 황홀경을 느낄 만큼 즐거운 삶을 사는 것은 어떤가? 당신은 지난 삶을 돌아보며 "정말 걸작이었어."라고 말하게 될 것이다.

## 템플턴의 삶의 법칙

≫ 여기 크게 생각한 인물이 또 있다. 고인이 된 존 템플턴John Templeton 경도 처음부터 끝을 생각했다. 월가에서는 그를 세계에서 가장 현명한 투자자라고 평가했다. 그는 처음에 1만 달러를 빌려서 투자를 시작해 수십억 달러의 재산을 갖게 된 입지적 인물로, "템플턴 그로스 뮤추얼 펀드"를 출범시켜 대성공을 거두었다.

존 경은 삶의 법칙을 믿었다. 즉 성공한 사람과 기업에는 윤리적 원칙과 정신적 원칙을 절대적으로 지킨다는 공통 분모가 있다는 사실을 알아냈다. 이들 원칙은 진실, 인내, 검약, 열정, 겸손, 이타주의로 요약되는데, 우리도 각자 이들 덕목을 발견하고 발전시킬 수 있다. 존 경은 이러한 덕목이 지속적인 우정과 상당한 금전적 보상을 가져다줄 것이라고 믿었다.

그는 또한 종교계의 노벨상이라고 불리는 템플턴 상Templeton Progress in Religion Prize 의 설립자이기도 하다. 과거 수상자들로는 마더 테레사, 빌리 그레이엄, 달라이 라마 등이 있다. 이 상은 신에 대한 사랑과 이해를 높이기 위한 새로운 방법을 찾는 것을 목표로 한다.

1950년대 초, 존 템플턴은 젊은 경영인 협회YPO 의 설립을 도왔다. YPO는 뉴욕 시에 본부를 둔 전 세계적인 모임으로, 2018년 130여 개국에서 회원이 2만 9,000명 가까이 된다.

이 협회의 회원이 되려면 45세 이전에 주요 기업의 회장 또는 최고 경영자가 되어야 한다. 일정 수입과 직원 수 요건을 갖춰야 함은 물론이다. 이들 회원의 사회경제적, 교육적, 문화적 배경은 천차만별이다.

이들은 전 세계의 유명 강연가와 영향력 있는 인맥 또는 동료로부터 최고 수준의 교육을 받는다. 또한, 서로 거래를 하고 서로의 문제를 해결하며, 출장을 가서도 특별한 대우를 받는다. 존은 이들 회원의 공통점은 바로 끈기라고 말한다. 이들은 절대 포기하지 않는다.

당신은 "이게 나랑 무슨 상관이지?"라고 물을지도 모른다. 그런데 당신도 이들과 똑같이 할 수 있고 심지어 더 잘할 수 있다. 나의 역할은 그저 당신의 생각을 새롭고 혁신적인 방법으로 자극하는 것이다. 오늘 크게 생각하는 것은 그만한 가치가 있다.


우리는 인터넷, 컴퓨터화, 통신, 학습 혁명, 세계화 덕분에 오늘날 미국, 그리고 세계 성장의 시작에 있다. 모든 사람이 모두와 거래하는 세상이 될 것이고, 우리는 그 세상에 도달할 것이며, 누구보다 빨리 도달할 것이다. 변화는 다시 조직하는 것, 다시 설계하는 것, 다시 창조하는 것, 다시 구상하는 것이다. 생각을, 상황을, 기업을, 제품을 다시 구상할 때, 우리는 완전히 새로운 질서의 세상을 만든다. 이렇게 하면, 창의력이 넘쳐난다.

변화는 유쾌하고 즐겁고 자유로울 수 있지만, 두려울 수도 있다. 왜냐하면 자신의 정체성과 가치관에 의문을 품기 때문이다. 하지만 위험을 감수해야 한다. 단언컨대, 충분히 그럴 만한 가치가 있다.

## 나의 100년 계획

≫ 2100년 기준, 나의 100년 계획, 즉 나의 비전을 소개한다. (당신도 이 100년 계획을 작성한 후 내게 보내주었으면 한다. 전 세계에서 온 100년 계획을 한 권의 책으로 만들 예정이다.)

100년을 위한 나의 첫 번째 목표는 굶주린 인류를 신속하고 세심한 방식으로 구제하는 것이다. 앞에서도 언급했듯이, 우리는 추수감사절에 LA의 크리스천 홈리스 보호소를 통해 1만 명의 노숙자에게 음식을 나눠주었다. 나중에 한 남자가 내게 편지를 보내왔는데, 거기에는 이렇게 쓰여 있었다. "그곳에 가기 전까지 제가 할 수 있는 일이라고는 어디서 잘지, 어느 쓰레기통에서 음식을 뒤져야 할지 고민하는 것이었습니다. 그날 이후 저는 1년 동안 술도, 마약도, 섹스도 끊었습니다. 지금은 인쇄업자가 되어 세 곳에서 일감을 받으며 못해도 1년에 4만 달러를 법니다."

우리는 사람들에게 직접 물고기를 주기도 하지만, 스스로 물고기 잡는 법도 알려주었다.

두 번째 목표는 집이 없는 인류에게 빠르고 안전하고 만족스러운 방법으로 안락한 거처를 마련해 주는 것이다.

세 번째 목표는 문맹 퇴치다. 처음에는 미국에서, 그다음에는 전 세계에서 문맹을 없애나갈 것이다. 나의 아버지는 글을 못 읽는 덴마크인이었다. 나는 그를 사랑했지만, 이제 문맹이 가장 큰 감옥이라는 것을 안다.

네 번째 목표는 전 지구를 상호 연결하는 전기 네트워크를 구성하는 것이다. 이 목표는 벅민스터 풀러가 처음으로 구상했고, 내 친구인 피터

마이센Peter Meisen 이 샌디에이고에 설립한 'GENI' 글로벌 에너지 네트워크 인스티튜트Global Energy Network Institute 의 GENI 인니셔티브가 지원하고 있다.

무엇보다 나의 가장 큰 목표는 180억 그루의 나무를 심어 지구의 산림을 다시 푸르게 하는 것이다. 우리 윗세대는 무지와 무관심으로 집과 도로, 병원, 그리고 호텔 등을 짓기 위해 너무나 많은 나무를 베어냈다.

나는 한 사람이 각각 세 그루의 나무를 심었으면 좋겠다. 한 그루는 태어날 때, 다른 한 그루는 죽을 때, 그리고 또 한 그루는 누군가와 사랑에 빠질 때. 기왕이면 과일나무를 심어서 배고픈 사람들과 노숙자들까지도 맛있게 먹을 수 있고 영양분도 섭취할 수 있다면 그야말로 금상첨화다.

우리 모두가 과일나무를 심게 된다면, 이 세계는 에덴의 정원과 같은 모습이 될 것이다. 나는 지구에서 사람들을 치유할 수 있는 온갖 약초를 모두 발견하고 싶다.

### 멘토링의 힘

≫ 처음부터 끝을 생각하는 가장 효율적인 방법 중 하나는 멘토, 즉 영감을 주는 위대한 선생님을 두는 것이다. 루이 14세의 통치 기간 동안 프랑스 캉브레의 프랑수아 페넬롱François Fénelon 대주교는 편지를 써서 이것을 『내어드림Let Go』이라고 하는 책으로 만들었다.

이 책에서 그는 "자기 자신만이 영혼을 가둘 수 있는 유일한 감옥이다."라고 썼다. 대주교로서 페넬롱은 파렴치하고 부도덕한 법정에 맞서 참된 영성의 삶을 살고자 하는 소수의 사람을 위해 정신적 조언자가 되었다. 이 사람들과 소통하는 동안에도, 그는 완벽한 기독교라는 목표를 향해 나아가도록 이들을 다독이고 이끌면서 글을 계속 써나갔다.

나는 일리노이 주 카본데일의 서던 일리노이 대학에서 가장 명철한 멘토 중 한 명과 공부할 기회를 가졌다. 바로 여기서 디자인학부의 명예교수 R. 벅민스터 풀러 박사와 처음 만났다.

나는 그에게 바로 매료되었다. 풀러만큼 현명하고 영향력 있고 세상을 변화시키는 사람을 본 적이 없다. 150센티미터가 조금 넘는 키에 백발을 짧게 깎고 다니는 그가 연단에 서면 71세의 나이에도 연단 조명이 안경에 부딪힐 때마다 아우라가 뿜어져 나왔다. 그는 강인한 운동선수처럼 탄탄했고, 기품이 있으면서도 침착했다.

풀러는 젊은이들이 컴퓨터 기술로 세상을 바꿀 것이라고 했으며, 이것을 "위대한 사고 안의 교육 자동화"라고 불렀다. 그는 우리 각자에게 내면의 천재성을 일깨우라고 격려했다.

다음은 멘토에 관해 풀러가 한 제안이다.

1. **멘토를 구한다.** 멘토와 가깝게 지내고 개인적으로 친해진다. 그들의 가방을 들어주고 운전도 대신한다. 그들에게 봉사하기 위해 무슨 일이든 한다.

2. **멘토의 지식을 배운다.** 그들이 말하는 것, 행동하는 것, 존재 자체에 대해 하나도 놓치지 말고 귀 기울여 듣고 익힌다.

3. **멘토가 하는 말을 모두 받아 적는다.** 스스로 이렇게 묻는다. 무엇을 배워야 하나? 이것을 앞으로 어떻게 사용할 수 있을까? 무엇을 물어야 할까? 무엇을 해야 할까? 이 아이디어들은 정말 무엇을 의미할까? 이 아이디어들을 현재와 미래에 적용할 수 있을까? 성공을 위해 어떻게 이들의 의미를 사용할 수 있을까?

4. **멘토가 아는 것, 가르쳐 줄 수 있는 모든 것을 배운다.** 멘토가 읽고, 추천하고, 쓴 모든 것을 읽는다. 멘토의 장학생이 되어라. 알렉산더 대왕은 아리스토텔레스에게 배웠고 플라톤은 소크라테스에게 배웠다. 나는 멘토의 역할을 인정하지 않으면서 위대하게 된 사람을 본 적이 없다.

   멘토가 공유하는 모든 것을 배우고 멘토의 옆자리를 차지하라. 멘토의 네트워크를 당신의 네트워크로 만들고, 평생 동안 여러 멘토를 거치게 되리라는 것을 당연하게 받아들여라.


서던 일리노이 대학의 알프레드 리처드슨Alfred Richardson 박사가 풀러 박사의 강연에 나를 데리고 갔다. 그것은 마치 플라톤이 말한 어두운 동굴에 있다가 밝은 빛이 비치는 밖으로 나간 듯한 느낌이었다. 처음에는 눈을 가늘게 떴다가 점점 크게 뜨면서 조금씩 빛을 받아들이게 되었다.

마음을 열고 크게 생각하는 멘토의 특성을 배워라. 그러면 당신도 멘토가 된다. 한 사람이 하나를 가르치고 한 사람이 한 명만 이끌어도 모두가 동굴 밖의 세상을 볼 수 있다.

### 페이스메이커의 발명가

≫ 『하와이안 영혼을 위한 치킨 수프Chicken Soup for the Hawaiian Soul』라는 책을 쓰고 있을 때였다. 우리와 함께 이 책을 쓰던 한 여성이 말했다. "코나에 사는 이 남자를 꼭 만나봐야 해요. 한센 씨 이웃 중 한 명인데, 그의 집을 진짜 좋아하게 될 거예요."

하와이 코나에 가본 적이 있다면 알겠지만, 코나는 하와이섬('빅 아일랜드'라고도 한다)에 있다. 하와이는 13개의 기후대 중 11개에 걸쳐 있고, 그중 코나는 사막 쪽이다. 나는 그곳에 세컨드 하우스를 가지고 있고, 그 집을 정말 사랑한다.

코나 국제공항을 나와 차를 타고 달리다 보면 바다가 내려다보이는 해안도로가 나온다. 그곳 터키색으로 반짝이는 태평양 위에 그림같이 아름다운 저택이 하나 있다.

나는 언제나 그곳에 어떻게 가는지 궁금했다. 접근할 수 있는 도로가 없기 때문이다. 아무튼 무엇에 홀린 듯 난 동료와 그 집에 가고 있었다. 그 집은 고 얼 바켄Earl Bakken 박사의 소유였다.

우리는 마치 배트맨의 동굴로 들어가는 것처럼 바위가 치워진 흙길을 따라 내려갔다. 그날은 날이 매우 더워 차의 창문을 내려놓았는데, 어디선가 음악소리가 들렸다. 나는 동료에게 "이게 무슨 소리죠?"라고 물었다.

"바켄 박사가 뉴질랜드에 있을 때, 음악을 들려주면 농작물이 25~75 퍼센트 더 빨리 자란다는 것을 알았대요."라고 그녀가 대답했다.

우리가 바켄 박사의 저택 앞에 섰을 때, 제일 먼저 눈에 띈 것은 커다란 자수정 원석이었다. 그건 내가 그때까지 본 자수정 중에 제일 컸다. 자수정은 음의 에너지만 흡수하여 오로지 양의 에너지만 집에 들인다. 바켄 박사는 풍수지리에 관심이 많아서, 그의 집의 모든 레이 라인(고대 지구에 분포해 있었다는 풍수지리적 에너지 선으로, 고대의 거석들이 레이 라인을 따라 배치되었다는 설이 있다-옮긴이)을 오른쪽에 두고, 문들은 정확히 있을 자리에 두었다. 집 주위로는 아름다운 열대 꽃이 둘러싸고 있었다.

바켄 박사는 문 앞에서 우리를 맞이한 후 안으로 안내했다. 집 안으로 걸어 들어가면서 처음으로 눈에 띈 것은 2,000평방피트 크기에 3중으로 쿠션을 깐 무도장이었다. 당시 70대였던 바켄 박사와 그의 아내는 운동을 위해 매일 밤 2시간씩 춤을 추었다.

우리는 이야기를 나누며 몇 시간이나 함께했는데, 내게는 깨달음을 얻는 자리였다. 얼 바켄 박사는 다름 아닌 심장 페이스메이커의 발명가이자 미니애폴리스 지역에 있는 메드트로닉Medtronic 회사의 설립자였기 때문이다.

얼과 그의 동업자는 밸브가 딸린 이식 가능한 트랜지스터 페이스메이커를 만들기 시작했다. 처음에는, 그 어느 의사도 이 장치를 원하지 않았다. 그들은 이것을 말도 안 되는 아이디어로 치부했다. 하지만 페이스메이커는 성공했다. 이 발명품은 나의 아버지를 23년이나 더 오래 살게 해주었다. 나는 바켄 박사가 너무 고마운 나머지 입맞춤이라도 하고 싶은 심정이었다.

회사 웹사이트에 따르면 오늘날 메드트로닉은 9만 명 이상의 직원을 고용하고 있으며 연간 7,200만 명의 생명을 살리고 있다.

바켄 박사는 심장과 신경질환에 사용될 수 있는 이식형 장치를 개발하여 파킨슨병이나 경련성 뇌성마비와 같은 질병을 앓고 있는 사람들의 수명 연장은 물론 삶의 질도 향상시켰다.

이렇게 위대한 혁신가들에 대해 읽을 때, 우리는 중요한 깨달음을 얻는다. 시작과 끝은 유동적이라는 것이다. 이제 드디어 끝이 보인다. 당신의 가장 깊고, 가장 내적이고, 가장 높은 의식 상태로 들어가, 새로운 시작이 될 끝으로 마음속 홈 엔터테인먼트 센터를 장식해보도록 하자.

## MISSION

**12**

# 카멜롯을 실현하라

카멜롯은 영국 아서 왕의 전설에 나오는 사람들이 행복하게 살 수 있는 이상적인 왕국이다. 당신은 카멜롯의 실현을 경험할 수 있다. 이것은 당신이 바로 지금, 바로 이 순간에 이상적인 삶을 산다는 것을 의미한다. 당신이 이상적인 삶을 살 때, 당신의 카멜롯은 세상을 바꿀 수 있다.

카멜롯 실현은 사람마다 다 다르다. 나는 우리 각자의 DNA와 RNA에 해야 할 임무와 삶의 과제, 내면의 목적이 새겨져 있다고 믿는다. 따라서 이들 임무와 과제, 목적이 모두 실현된다면 개별적으로, 그리고 집단적으로 카멜롯에 한 단계 더 가깝게 다가갈 수 있다.

당신의 카멜롯이 무엇인지 알아내기 시작하라. 종이에 몇 가지 질문을 하고 답을 적는다. 그리고 그냥 흘러가게 놓아둔다.

다음은 몇 가지 시작을 위한 질문이다.

"무엇이 나를 행복하게 하는가?"

"내게 맞는 생계수단은 무엇일까?"

"나는 누구인가?"

"행복하고, 건강하고, 풍요롭고, 성공하고, 평화롭고, 즐거워지려면 어떻게 해야 할까?"

"가장 현명한 사람이라면 지금 내가 겪고 있는 문제를 해결하기 위해 무엇을 할 것인가?"


때때로 우리 개인의 카멜롯은 처음에는 비극으로 나타나기도 한다. 우리는 모든 개인적인 비극을 승리로 바꿔야 한다. 이미 앞에서 이 가능성을 증명하는 이야기들을 소개했다.

자나 스탠필드의 비극적인 자동차 사고는 현재 위치에서 벗어나 그녀가 진정 원하는 곳으로 갈 수 있도록 해준 변환점이었다. 그래서 그녀는 글을 쓰고, 말하고, 창조하고, 사람들의 마음과 영혼을 움직이는 감동적인 음악을 만들 수 있었다.

나에게 있어 이러한 경종은 1974년에 겪었던 파산이다. 이 파산은 처음에는 비극으로 다가왔지만, 나중에는 마법 같은 기회로 변했다.

정말 좋은 마크 빅터 한센으로 살기보다는 벅민스터 풀러처럼 되고자 했던 나는 회사를 차리고 그의 발명품인 플라스틱 폴리염화비닐로 만든 지오데식 돔을 판매하기 시작했다. 그리고 연매출 200만 달러의 회사로 성장시켰다. 그러나 1974년 석유 파동이 일어나면서, 더 이상 원료를 구할 수 없었다. 순식간에 빈털터리가 되었고, 변호사를 고용할 돈이 없어 도서관에서 『자진 파산 신청하는 법How to Go Bankrupt by Yourself』이라는 책을 빌려 혼자 파산 처리법을 공부했다. 난 오랫동안 절망의 구렁텅이에 빠져 있었지만, 캐빗 로버트의 테이프를 들은 후 모든 것이 바뀌었다.

내가 정말 하고 싶었던 일은 동기부여 강연자라는 것을 깨달았다. 사람들의 인생을 진정으로 의미 있는 것으로 바꾸기 위해 그들 앞에서 가장 중요한 것들에 대해 이야기하는 일, 이것은 내가 열여섯 살 때부터 꿈꿔오던 일이었다. 처음에 나는 글을 쓰는 강연가였는데 지금은 강연하는 작가다. 돌이켜보면, 파산이 내게 일어난 최고의 최악의 경험이었다고 말할 수 있지만, 당신도 똑같은 일을 겪어보라고 권하고 싶지는 않다.

여러 장을 통해 나는 당신에게 당신의 미래에서 돌아오라고 요청했다. 자기 자신에게 물어보라. 지금부터 100년 동안 어떻게 기억되고 싶은가? 기억에 남을 만한 유산으로 마무리되는 100년 계획을 세웠는가? 앞으로 10년 후에는 어떤 일이 펼쳐질 것인가? 미래에서 돌아오라.

피터 J. 대니얼스는 며칠 동안 기도하고 명상하면서 가상으로 거지에서 부자로 발전해가는 모습을 시각화했다. 그는 자신의 모습을 5년, 10년 단위로 그려냈다. 그는 이것을 아이가 성장해가는 과정을 상상하며 시각화했는데, 이를 통해 각각 다른 시기에 그가 어떤 모습일지를 쉽게 이해할 수 있었다.

폴 J. 마이어는 일생 동안 10억 달러를 기부하는 모습으로 자신의 미래를 시각화했다. 당신이 훌륭한 기부자가 되기로 결심한 적이 없다면, 이것에 대해 진지하게 생각해보길 권한다. 인생은 주는 사람에게는 주고 뺏는 사람에게는 뺏기 때문이다. 폴의 인생을 자세히 연구하다 보면 맞는 말이라는 걸 알 것이다. 미래에서 온 가능성을 시각화한다면 카멜롯의 가능성은 무한하다.

짐 론은 익히 이렇게 말했다. "계획을 끝마치기 전에 하루를 시작하지 말라. 계획을 완성하기 전에 한 주를 시작하지 말라. 계획을 준비하기 전에 한 달을 시작하지 말라. 마찬가지로, 계획을 끝마치기 전에 10년, 100

년을 시작하지 말라."

우리는 인생을 무언가와 교환하고 있다. 그러니 그 무엇인가를 중대한 변화를 가져오는 멋지고, 소중한 것으로 만들어, 삶을 돌아봤을 때 잘 살았다고 말할 수 있어야 한다. 당신은 삶에 투자하고 그것을 가치 있게 만들고 있는가?

### 생각의 씨앗

≫ 내 DNA와 RNA에 새겨진 임무는 180억 그루의 나무를 심어서 빠르고, 안전하고, 만족스러운 방식으로 이 지구를 변화시키는 것이다. 나무를 심으면 지구 온난화를 막고 공기를 정화하며 지구를 치유하고 더 아름답게 만들 수 있다. 당신도 이것을 실천해 주었으면 한다. 유실수를 심은 후 잘 길러서 배고픈 사람들의 배를 채울 수 있다면 이것이야말로 일거양득이 아닐까?

생각해 보라. 처음에는 사과나무에 단지 몇 알의 열매만 열리지만, 10년이 지나면 만 개 이상의 사과가 열린다. 밥 슐러Bob Schuller는 누구나 사과 속의 씨앗을 셀 수 있지만, 오직 신만이 씨앗 속의 사과를 셀 수 있다고 말하곤 했다.

이제 그런 생각의 씨앗을 사용해 보라. 모든 사람이 먹을 수 있을 만큼 충분한 양이 있다는 것을 받아들이고, 이 지구를 에덴동산처럼 만드는 것이다. 이것이 바로 내가 생각하는 카멜롯 실현이다. 우리가 끌어올 수만 있다면 에덴동산은 바로 지금 여기에 있다. 우리가 그것을 마음속에 담을 수 있다면, 경험에서 그것을 바깥으로 꺼낼 수 있다.

어느 해인가 잭과 나는 발행인과 함께 옐로스톤 국립공원에 25만 그루의 나무를 심어 지구에 선물했다. 그때 네브래스카의 나무재단도 이 프로젝트를 도와주었다. 책을 쓰는 작가이자 인쇄업자로서, 우리는 우리가 다 써버린 것을 다시 숲에 돌려주어 그 책임을 다하고 싶었다.

전 세계 출판업에 종사하는 모든 사람- 책, 잡지, 뉴스 정기 간행물의 출판사나 종이를 사용하는 모든 사람 -이 다 이렇게 할 의무가 있다고 생각한다. 여기에는 당신도 포함된다.

"내 아버지"의 뜻을 받들자. 지구를 다시 푸르게 하는 일에 전념하자. 우리의 자녀와 손자, 증손자들에게 숨 쉴 수 있는 양질의 깨끗하고 신선한 공기를 남겨줘야 하지 않을까? 온난화가 없고 만년설이 녹지 않는 지구를 물려줘야 하지 않을까? 지구를 다시 푸르게 가꾸자. 당신은 내 말에 동의하는가? 그렇다면 동의하는 사람이 이미 둘이 된 것이다. 우리는 해낼 수 있다.

EST 세미나와 헝거 프로젝트Hunger Project의 창시자인 베르너 에르하르트Werner Erhard는 충분히 많은 사람이 굶주림의 종말을 시각화한다면, 그렇게 될 것이고 그렇게 될 수 있다고 가르쳤다.

존 F. 케네디는 충분한 집중력과 에너지, 믿음을 모아 인간을 달에 착

륙시켰다. 원래 목표는 10년이었지만 2년을 앞당겨 8년 2개월 만에 이뤄 냈다.

마하리시 마헤시 요기Maharishi Mahesh Yogi는 초월 명상 제자들에게 그들의 에너지를 집중하도록 지시했고, 특정 기간 동안 일부 지역에서 범죄와 폭력을 몰아냈다.

우리가 충분한 에너지를 집중할 수 있다면, 적어도 일시적으로나마 두려움, 폭력, 범죄를 추방할 수 있다.

### 한 번에 한 가지 이야기씩 세상 바꾸기

≫ 앞에서 나의 100년 목표 중 일부를 당신과 공유했다. 잭과 나, 그리고 "영혼을 위한 닭고기 수프" 팀은 한 번에 한 이야기씩 세상을 바꾸고 싶었다. 당신이 우리의 이야기를 공유하게 되면 당신의 이야기를 공유하고 싶어질 것이고 그래서 다른 사람들도 그 이야기들을 공유하게 되었으면 좋겠다. 전 세계를 연결된 하나의 소통의 장으로 만들어 보자.

스토리텔링은 상처 치유의 효과가 크다. 『영혼을 위한 닭고기 수프 2』에는 유대인 철학자 마틴 부버Martin Buber의 일화가 나온다.

그의 할아버지는 절름발이였는데, 한번은 사람들이 할아버지에게 그의 스승이 기도 중에 어떻게 뜀뛰기를 하며 춤을 추었는지 스승에 대해 이야기해 달라고 부탁했다. 스승 이야기를 하면서 할아버지는 이야기에 심취되어 스승이 한 대로 보여주기 위해 뜀뛰기를 하면서 춤을 추기 시작했다. 그 순간부터 할아버지는 갑자기 다리가 정상으로 돌아왔다.

나의 카멜롯 버전에서, 스토리텔링은 정신신경면역이라고 불리는 좋은 치료제의 역할을 한다. 정신신경면역은 면역체계와 관련된 심리, 정신, 마음, 신경, 면역 등을 아우른다.

고(故) 얼 나이팅게일Earl Nightingale의 미망인인 다이애나 나이팅게일Diana Nightingale이 전화를 걸어 우리에게 그녀의 이야기를 들려주었다. 그녀는 지독한 독감에 걸렸었는데, 세 시간 동안 우리가 쓴 책을 처음부터 끝까지 다 읽었다. 그 이야기들이 그녀의 정신을 북돋아주고 치유해주었다고 한다. 다이애나가 읽은 우리의 이야기가 그녀의 정신과 육체를 건강하고 온전하게 되돌려 주었다.

성경에서는 말은 저주 또는 축복이 되고, 살리거나 죽일 수 있는 힘이 있다고 말한다. 이걸 달리 표현하면, 당신의 말로 당신을 건강하게도 할 수 있고, 반대로 심각하게 병들도록 할 수도 있다는 뜻이다.

나에게 있어 카멜론 실현이란 위대한 아이디어, 위대한 사고, 위대한 사랑을 창조하고 공유하는 것이다. 나는 글을 창작하고, 쓰고, 덧붙이고, 편집하는 것을 좋아한다. 그리고 이것을 현존하는 가장 훌륭한 사람들, 즉 내 친구들과 공유해 왔다. 나는 피드백과 피드 포워드를 요청했다. 내겐 아이디어와 비판이 필요하다.

몇 년 전, 내 친구이자 『1분 경영The One Minute Manager』의 저자인

켄 블랜차드Ken Blanchard 박사는 아침 식사를 하면서 잭과 나에게 이렇게 말했다. "피드백은 챔피언들의 아침 식사야."

나는 이 책이 지금 이 순간 내가 할 수 있는 최고의 책이 되길 바란다. 동시에, 내 존재의 핵심을 자극하는 다른 특별한 책들과 프로그램들을 만들고 있다. 당신이 각각의 책과 프로그램에서 많은 것을 얻어가길 바란다.

바라건대, 여러분이 이 책을 너무 사랑해서 다른 사람들과도 공유해 주었으면 한다. 난 나 자신을 흥분시키고 매혹시키는 아이디어들을 계속 모을 것이고, 당신을 위해서도 똑같이 할 것이다. 그 생각만 해도 흥분과 기대감으로 가슴이 뛴다. 한없이 밀려드는 멋진 아이디어들에 난 항상 깜짝 놀란다.

어떤 일이든 우리에게는 두 가지 옵션이 있다. 가장 앞자리를 차지하고 선두를 달리거나 가장 뒷자리를 차지하고 뒤처지거나. 나는 당신이 선두를 유지하길 바란다.


싱가포르의 전 총리였던 고(故) 리콴유는 1959년부터 1990년까지 국가와 민족을 변화시켰다. 리콴유 총리는 먼저 싱가포르의 교육 수준을 높였다. 그 결과 2017년 기준 97퍼센트 이상의 국민이 읽고 쓸 줄 알게 되었다. 정원이 없던 사막과 같은 도시에 그는 꽃을 피웠다. 이것은 그가 파리에서 꽃이 핀 거리를 보고 고국으로 가져온 아이디어였다. 그는 싱가포르를 세계의 정원 도시라고 불렀다.

## 마음속의 낙원

≫ 이 지구 행성 전체를 에덴동산으로 만들 수 있는 방법을 생각해 보자. 에덴동산이 6,000년 전에만 존재했을까? 아니다. 에덴동산은 언제나 우리 마음속에 있었다. 이것이 바로 이 책에서 내가 말하고자 하는 핵심이다. "크게 생각하기"의 형이상학은 반영의 법칙이다. 즉 외부 세계는 바로 우리 마음의 반영인 것이다. 우리가 에덴동산을 믿기 시작하고 가지려고 노력하기 시작하면, 에덴동산이 생기고 만들어지기 시작한다. 나는 그렇게 된다는 것을 안다.

카멜롯은 우리의 경험에서 나오는 희망과 꿈으로 이루어진 마음의 낙원이다. 우리의 마음속에 낙원이 생기면, 경험에도 낙원이 생긴다.

앞서 언급했듯이, 우리 각자의 DNA와 RNA에는 카멜롯 창조에 참여하는 꿈이 새겨져 있다. 우리 중 일부는 스스로를 마비시키고 꿈과 욕망, 운명을 잊고 산다. 그렇다고 해서 꿈과 욕망, 운명이 그곳에 없다는 뜻은 아니다. 그게 아니라 그들은 단지 잠을 자고 있으며 필요한 자극을 기다리고 있을 뿐이다.

이 아이디어들이 잠을 깨우는 자극제가 되게 하라. 나는 당신의 영혼을 일깨울 수만 있다면 기꺼이 잔소리꾼도 자처하겠다. 나는 당신이 언제나 깨어 있길 바라며 적어도 다른 한 사람과 이 책을 공유하고 함께 세상을 깨우는 데 도움이 되어주었으면 한다.

작가 헬렌 크로머Helen Kromer는 이렇게 썼다. "깨어 있는 한 사람은 다른 사람을 일깨울 수 있다. 두 번째 깨어난 사람은 이웃의 형제를 일깨울 수 있다. 이 세 사람은 온 마을을 완전히 일깨울 수 있다. 이렇게 깨어난 많은 사람은 마침내 나머지 사람을 모두 일깨울 수 있다."

나는 당신이 자신만의 카멜롯을 건설하길 원한다. 그 과정이 너무나 흥미진진하고 재미있어서 당신의 삶을 그 무엇과도, 그 누구와도 바꾸지 않을 것이고 다른 곳에 살고 싶지도 않을 것이라 장담한다.

나는 언젠가 대통령 후보를 도와달라는 요청을 받은 적이 있다. 그는 내게 내가 원하는 나라의 대사직을 주겠다고 제안했다. 나는 그에게 이렇게 말했다. "제의는 고맙지만, 난 그저 나로 살고 싶어요."

나는 그저 강연하고, 글을 쓰고, 홍보하고, 마케팅하고, 생각하고, 기업가 정신으로 사는 게 좋다.

당신이 해야 할 일은 이상을 현실로 만드는 것이다. 모두에게는 꿈이 있다. 때때로 이 꿈은 우리의 잠재의식 깊은 곳에 숨겨져 있다. 우리는 무언가를 원하지만, 그것을 보고 듣고 읽고 꿈꾸기 전까지 그것이 무엇인지 잘 모른다. 우리의 마음은 다른 누군가의 꿈에 의해 촉발된다. 그렇기 때문에 매주 꿈과 목표, 문제에 대해 마음을 열고 솔직하고 자신감 있게 토론할 수 있는 드림팀을 만들 것을 제안하는 것이다.

당신은 이렇게 말한다. "나는 내가 누군지 알아. 나는 밥이야, 나는 베르나데트(가톨릭의 성녀-옮긴이)야."

아니다. 당신은 그보다 훨씬 나은 존재다. 당신은 육체적 경험을 하는 정신적 존재다. 당신은 또 이렇게 말한다. "난 내가 뭘 원하는지 알아."

아니다. 우리 대부분은 우리가 원하는 것을 자각함에 있어서는 아직 풋내기다. 하지만 우리에게 한계는 없고 우리의 공급량은 무한하다.

나는 일곱 살 때, 처음으로 시어스의 통신 판매 카탈로그를 봤는데, 그 때 느낀 경외심과 경이로움을 잊을 수가 없다. 그 카탈로그를 보기 전까지 세상에 그렇게 많은 것들이 존재하는지 몰랐다. 나는 며칠 동안 백일몽을 꾸며 언젠가 통신 주문으로 온갖 근사한 것을 살 수 있게 되기를 간절히 바랐다. 인터넷 시대가 도래하고 나의 공급량이 거의 무제한으로 증가할 것이라는 사실을 그때는 알지 못했다.

당신은 자신이 어디로 가는지 안다고 했다. 오늘은 어디든 갈 수 있다. 그곳에 언제 도착하고 누구를 데려갈 것인가? 우선, 은유적 카멜롯에 가길 원한다고 결심하라. 당신이 결정을 내리면 잠재의식이 공급은 책임진다.

콜럼버스를 보라. 그가 배를 타고 떠날 때, 그는 자신이 어디로 가고 있는지 몰랐다. 그가 "그곳"에 도착했을 때, 그는 자신이 어디에 있는지 몰랐다. 그가 돌아왔을 때, 그는 자신이 어디에 갔었는지 몰랐지만, 자신만의 방법으로 카멜롯을 찾아냈다. 당신이 누구를 데려갈 것인가 고민한다면, 그럴 필요가 없다. 그들이 나타날 것이다.

톰 셀릭Tom Selleck이 주연을 맡은 「크리스토퍼 콜럼버스Christopher Columbus: The Discovery」 영화를 추천한다. 영감을 주는 위대한 꿈을 꾸고 여행을 함께 하길 원하는 사람들이 바로 곁에 있다는 것을 알게 될 것이다. 물론, 삶이라고 불리는 세트장에 새로운 사람들이 계속 등장할 것이다. 하지만 이미 지적했듯이, 그들 대부분은 단역이다. 미켈란젤로처럼 되어보라. 내 마음의 기본 틀에 있지 않는 것들을 모두 잘라내버리는 거다. 쓰레기, 잡초, 부정적인 기운을 모두 도려내자.

옥죄어 있던 광채를 드러내고 당신이 되고 싶은 그 모습을 드러내라. 그러면 불완전한 결점을 깎아내기가 더 쉬워지고, 적어도 최소한으로 줄일 수 있다. 그 멋지고 풍성한 화려함을 풀어헤쳐라.

당신과 나, 그리고 우리는 모두 완성을 향해 나아가는 마스터피스다. 우리의 목표는 완벽이 아닌 매일의 발전이다. 우리는 꾸준히 각자의 카멜롯을 향해 나아가고 있다. 우리 중 하나가 카멜롯에 도달하게 되면, 나머지도 모두 각자의 카멜롯에 한 걸음 더 가까워진다.

세상에는 당신의 가장 강렬하고 모험적인 정신을 자극하고 부추기고 흥분시킬 많은 활동이 기다리고 있다. 상투적인 표현으로, 세상이 다 당신 것이다. 그리고 이것은 사실이다.

진주는 조개 속에 들어간 모래 한 알로부터 시작된다. 아름다운 진주가 만들어지기까지 조개는 이물질의 공격에 맞서 인고의 시간을 견뎌내야 한다. 당신도 분명히 많은 공격을 견디고 있을 것이다. 다만, 이제 새로운 시각으로 이 공격을 볼 수 있는 눈이 생겼다. 당신은 이 공격을 기회로 삼아 새로운 경험을 제공해줄 값진 진주로 만들어내야 한다. 당신이어서 안 될 이유가 있는가? 지금이어서 안 될 이유가 있는가? 여기여서 안될 이유가 있는가?

## 인간의 실수

≫ 디팩 초프라Deepak Chopra가 쓴 『마법사의 길The Way of the Wizard』에 나오는 아서 왕과 마법사 멀린의 대화로 이 장을 마무리하고자 한다. 나는 이것이 시사하는 바가 크다고 생각한다. 열린 마음으로, 새롭게 눈뜬 신념을 가지고 읽어주길 바란다.

이 패러독스를 풀기 위해서는 마법사가 느끼는 것처럼 시간을 이해해야 한다. "너희 인간은 죽음에서 이름을 따왔어."라고 멀린이 수정 동굴에서 말한다.

"너희가 스스로를 생명의 피조물이라고 믿는다면 불멸이라고 불리게 될 거야."

"그건 불공평해." 아서가 받아쳤다.

"죽음을 선택한 건 우리가 아니야. 우리는 그저 그런 운명으로 강요될 뿐이야."

"아니, 너희는 그저 죽음에 익숙한 거야. 다른 사람들이 늙어가고 죽는 것을 봤기 때문에 너희 모두가 늙어가고 죽는 거야. 죽는 것이 당연하다고 생각하는 낡아빠진 관습을 버려. 그러면 넌 시간의 올가미에서 벗어날 거야."

"죽음을 벗어 던지라고? 어떻게 그럴 수 있지?"

아서는 간절히 알고 싶었다.

"우선, 관습의 근원으로 돌아가. 애초부터 죽어야 하는 존재라고 확신하는 잘못된 추론을 발견할 수 있을 거야. 잘못된 추론은 거짓된 믿음의 근간이지. 그러고 나서 논리의 결함을 찾아내고 그것을 제거하면 돼. 모든 것이 아주 간단해."

전설에 따르면 아서는 "과거와 미래의 왕"으로 전해지는데, 이는 아서 왕이 죽음의 저주에서 벗어났음을 암시한다. 그는 무엇을 찾았을까? 마법사들이 알고 있는 죽음 이면의 잘못된 논리는 무엇일까? 그것은 바로 신체와 동일시하는 마음이다. 인간의 몸은 태어나고, 늙고, 죽는다. 이 과정과 동일시하는 것, 이것은 잘못된 논리이지만, 이것을 받아들이면 우리는 죽게 된다. 죽음의 마법에 걸려 죽음을 받아들일 수밖에 없다.

그 저주를 풀기 위해서는 우리의 정체성을 유한한 시간에서 무한한 시간으로 전환해야 한다. 그래서 마법사는 시간에 대한 진실을 알아내기 위해 여행을 떠난다. 이것이 시간을 거슬러 살았던 멀린 이야기의 진짜 의미이다. 멀린은 시간을 그 뿌리로 되돌리고 싶었다.

어떻게 우리는 필연적인 죽음이라는 믿음에서 벗어날까? 어떻게 우리는 단편적이고 시간에 얽매인 삶이 아닌 영원의 삶을 살며 우리 자신을 죽음이 아닌 영원으로 다시 인식할 수 있을까?

만약 초프라가 맞다면? 우리가 여태 우리 자신을 그저 죽을 운명의 인간으로 잘못 인식한 것이라면? 성경은 우리의 말에 힘이 있어 저주 또는 축복이 될 수도, 삶 또는 죽음을 야기할 수도 있다고 말한다. 우리가 불멸을 믿도록 우리 자신을 다시 프로그래밍한다면 어떨까?

인류학자인 마거릿 미드Margaret Mead는 이렇게 말했다. "사려 깊고 헌신적인 소수의 시민 집단만이 세상을 바꿀 수 있다는 것을 절대 의심하지 마십시오. 이것만이 유일한 진실입니다."

당신도 이 말에 당연히 동의할 것이다. 이 책을 21번 읽고 여기 나온 개념들을 확실히 깨달은 후 이것을 마음이 맞는 친구와 공유해주길 부탁한다. 우리 함께 카멜롯을 실현해보자.

## 나누고 공유하는 이야기

≫ 하와이에 사는 사람들은 미국 그 어느 도시에 사는 사람들보다 오래 산다. 이렇게 오래 사는 이유는 목가적인 정서, 온화한 무역풍, 따뜻한 열대 기후, 완벽한 날씨, 맑은 공기, 느슨한 생활 방식 덕분이다.

나는 여기에 두 가지를 덧붙이고 싶다.

먼저 하와이에는 "이야기를 나누고 공유"하는 문화가 있다. 이들은 그저 대화하기 위해 친구나 가족들과 모인다. 정신과 의사들은 우리가 말하지 않고 느낌과 사랑, 행동과 감정을 나누지 않으면 미쳐버릴 것이라고 말한다.

둘째, 하와이에는 "오하나"가 있다. 이것은 가족, 사회 구성의 기본 단위, 가족 만찬, 루아우, 함께 모이는 것을 뜻한다. 여러분에게 오하나가 없다면 하나 만들어 보라. 자신만의 완벽한 카멜롯 가족을 실현해 보는 거다. 사실, 주변에는 더 이상 외로움을 원치 않는 사람들이 많다. 사람은 함께 모이고, 친구가 되고, 사랑할 상대를 찾아야 한다. 오하나를 만들어 때때로 길을 잃고 헤매는 영혼을 불러와 사랑과 화합, 그리고 존재의 기쁨을 의미하는 알로하 정신을 공유하자.

당신의 본모습을 충분히 표현하라. 이제 당신은 자기 자신이 천재라는 것을 알았고, 지혜를 적용할 수 있다. 지혜와 천재성은 더 많이 사용할수록 더 많이 생겨난다. 앞서 말했듯이 여기에 공급이 제한되는 일은 없다. 그 원천은 무한하다.

이제 당신은 무한 지성, 신에 접속하는 법을 배웠다. 혹은 신학자 피에르 테야르 드 샤르댕Pierre Teilhard de Chardin은 이것을 "정신권"이라고 명명했다. 원하는 것은 이루어진다. 크게 생각하고, 크게 요청하고, 크게 행동하고, 크게 살고, 크게 벌고, 크게 저축하라. 당신을 위한 작은 카멜롯이 아니라 모든 사람을 위한 큰 카멜롯 건설을 위해 자신을 바쳐라. 이것에는 비용도 들지 않는다. 그저 조금만 더 크게 생각하라.


멀린은 이렇게 충고했다. "뭐가 보이는지가 아니라 왜 보이는지를 잘 생각해 봐, 아서."

유한한 자신의 모습에서가 아니라 무한한 자신의 모습에서 생각하라.

당신의 인간성이 아닌 당신의 신성에서 시각화하라. 하나님의 눈을 통해 당신의 마음과 정신과 영혼을 들여다보라. 무한한 지혜와 깨달음은 당신이 원하고 추구하고자 한다면 당신의 것이다. 진정한 마법사 또는 선견자는 우리 모두에게 기본으로 작동하는 장비로서 제공된다. 자동적으로 설치돼 있다. 우리가 해야 할 일은 그걸 밝혀내는 것이다.

예수도 이렇게 말하지 않았던가? "나를 믿는 자는 내가 하는 일을 그도 할 것이요, 또한 그보다 큰일도 하리니(요한복음 14:12)"

내면의 목소리를 귀 기울여 듣는다면. "나를 찾아. 나는 항상 여기서 너를 기다리고 있어. 잘 왔어. 날 마음껏 활용해."라는 소리가 들릴 것이다.

이제 당신이 그곳에 갈 수 있도록 영화 하나를 추천한다. 리처드 해리스Richard Harris 와 바네사 레드그레이브Vanessa Redgrave 가 주연한 영화 「카멜롯Camelot」이다. 나는 이 영화를 여러 번 봤는데, 볼 때마다 내 영혼과 마음을 사로잡는다. 장엄한 음악도 언제까지나 깊은 여운을 남긴다.

나는 카멜롯이 존재한다고 믿으며 당신도 카멜롯에서 살게 되기를 바란다. 나와 당신은 카멜롯의 비전을 간직할 수 있다. 그곳에선 폭력이 장점이 아니고 자비가 약점이 아니다. 사랑을 전파하고 공유하며 향유한다.

온 지구를 에덴동산이 둘러싸고 있으며 그곳에 사는 사람과 동식물은 건강하고 행복하다. 모두가 자비롭고 넉넉한 태양 아래서 하고 싶은 일을 마음껏 한다. 평화가 지배하고 문제 해결 방법을 찾을 수 있는 곳.

카멜롯이 실현된 그곳에서, 우리는 영원히 창조적이고 행복한 삶을 누린다.

이것으로 이 책을 끝마친다. 자신들의 카멜롯을 실현하지 못한 사람들을 돌보기 위해 나는 나의 카멜롯을 실현하고 당신은 당신의 카멜롯을 실현한다고 생각한다.

끝으로 당신께 이 말을 전한다.

"이 글을 읽어주신 당신에게 축복을 빕니다. 당신이 카멜롯을 실현하고 당신이 할 수 있다고 생각했던 것보다 더 크게 생각할 때, 당신에게 축복이 있기를 바랍니다."